Man hat
etwas gegen
Sie vor

Man hat etwas gegen Sie vor

Kurt Tucholsky in Köln 1928/29

Mario Kramp

Greven Verlag Köln

Inhalt

Fotografie zu Tucholskys Text „Kölner Rheinbrücke“

Vorspiel

Kurt Tucholsky und das Rheinland

„Der Kölner Dom ist bei Gott nicht schön, der Rhein sieht da ganz nett aus.“[1] Diese den Kölner Lokalpatriotismus zutiefst kränkenden Zeilen schreibt Kurt Tucholsky Anfang April 1924 an seine künftige Ehefrau Mary Gerold. In Köln macht er kurz Station auf seinem Weg von Berlin nach Paris.

Die Metropole an der Seine wird für die kommenden Jahre seine Wirkungsstätte sein. Er ist engagiert als Auslandskorrespondent für die renommierte Berliner Zeitschrift *Die Weltbühne,* für die er – auch unter den Pseudonymen Peter Panter, Theobald Tiger, Ignaz Wrobel und Kaspar Hauser – scharfzüngige Artikel verfasst. Auf nach Paris also! Mit Mary, die er wenig später heiratet, will er sich dort einrichten, von dort aus wird er als berühmter Publizist und Förderer der deutsch-französischen Verständigung die Zustände in seiner Heimat aus kritischer Distanz schildern.[2]

Das Rheinland zählt nicht zu Tucholskys Sehnsuchtslandschaften. Diese liegen für ihn an der Küste im Norden: „Es fängt in Mitteldeutschland an“, und „je weiter nordwärts man kommt, desto lauter schlägt das Herz, bis man die See wittert.“[3] Kaum verwunderlich bei diesem eingefleischten Berliner, der einen Teil seiner Kindheit in Stettin an der Ostsee verbrachte. Dennoch ist das kurze Verdikt „der Dom nicht schön, der Rhein ganz nett“ nicht alles, was Tucholsky zu Köln einfällt – vielmehr verfolgt er die Entwicklungen im Rheinland in den 1920er-Jahren sehr aufmerksam.

Sein Spott steht in krassem Gegensatz zum Selbstverständnis der Kölner in den 1920er-Jahren. Unter Oberbürgermeister Konrad Adenauer entwickelt sich die Stadt zu einer aufstrebenden, modernen Metropole. Adenauer setzt entscheidende Akzente, was Wohnungsbau und Stadtplanung betrifft: Er lässt die Messe, den Flughafen und Rheinbrücken errichten, gründet die Universität neu und siedelt Industrie an. Hinzu kommen große Leistungsschauen in der Messe.

Den Auftakt macht die *Jahrtausend-Ausstellung der Rheinlande* 1925. In jenem Jahr feiert man in Köln, Aachen, Koblenz und zahllosen anderen rheinischen Städten ein denkwürdiges Jubiläum: Im Jahr 925 wurde das zwischen den späteren Nationen Frankreich und Deutschland umstrittene mittelfränkische Lotharingien in das ostfränkische Reich einverleibt. Mit der Ausstellung will man zeigen, dass das Rheinland seit tausend Jahren zu Deutschland gehört. Es ist eine geschichtspolitische Demonstration, die sich nach dem verlorenen Ersten Weltkrieg gegen die französische Besatzung des Rheinlands richtet. Auch in Köln gebärdet man sich deutschnational. Oberbürgermeister Adenauer gibt sich staatsmännisch und empfängt zur feierlichen Eröffnung der *Jahrtausend-Ausstellung* in der Messe den preußischen Ministerpräsidenten. Präsentiert werden mehr als 10 000 Objekte zur Kulturgeschichte des Rheinlands, die von Mitte Mai bis Mitte August etwa 1,4 Millionen Besucher anlocken.

Ein solches Bekenntnis zu Deutschland ist bitter nötig. Denn zwei Jahre zuvor war – von Frankreich diskret unterstützt – das Gespenst des Rheinischen Separatismus umgegangen. Viele Rheinländer hatten eine größere Autonomie, gar eine Loslösung von Preußen und manche sogar einen eigenen Staat angestrebt – auch Adenauer hatte hierbei kurzfristig eine Rolle gespielt.[4]

Kein Wunder, dass Tucholsky von Paris aus 1925 heftige Kritik übt. In seinem Gedicht *1000 Worte Rheinland* entlarvt er die angestrengten Bemühungen der Kölner, ihre vermeintlich tausendjährige Zugehörigkeit zu Deutschland zu feiern – mit „Fahnen, Reden, Oberbürgermeister“, mit Männerchören, die die Loreley „grollen“ – als propagandistisches Getöse.[5] Wie andere Autoren der *Weltbühne* übt er Kritik an der deutschnationalen Propaganda und plädiert für die Aussöhnung der Nationen.[6] In Wahrheit sei es 1923 weniger um Nationalgefühl gegangen als vielmehr um knallharte wirtschaftliche Interessen. „Das Rheinland stand damals geschlossen wie ein Mann“ – nämlich „zu dem, der besser zahlte“, so Tucholsky.[7] Man solle doch nicht so tun, schrieb er rückblickend 1929, „als triefte die fröhliche Bevölkerung nur so von ‚Reichstreue‘ – das hat sie nie getan. Dazu war sie zu klug.“[8]

Im Jahr 1928 lockt die Presseausstellung *Pressa* fünf Millionen Besucher aus aller Welt nach Köln. Es ist die bis dahin größte Fachschau zum Pressewesen. Tausend deutsche und 450 internationale Aussteller präsentieren auf dem gesamten Messegelände in teils futuristischen Pavillons moderne Entwicklungen im Zeitungswesen und Buchdruck, Fotografien und das neue Medium des Rundfunks.

Tucholsky lässt sich davon nicht blenden. Werden durch moderne Medien die Inhalte besser, die Botschaften deutlicher, die Urteile differenzierter? Nein. Im Gegenteil. Das Geschäft der Presse sei es, mit immer emotionaleren Überschriften Profite zu erwirtschaften. Diese Sensationslüsternheit verspottet der Publizist anlässlich der *Pressa* in dem Gedicht *Die Schlagzeile:* „Was braucht der Redakteur in Eile? Die Zeile! Die fette Zeile!“[9] Ein Jahr später kommt Tucholsky noch einmal auf die Kölner Ausstellung zurück und weist darauf hin, dass kapitalkräftige Medienmogule hinter den Schlagzeilen stünden, was in der Kölner Leistungsschau verschwiegen worden sei. Die *Pressa* war, so Tucholsky, „eine herrliche Ausstellung von der Weltpresse, auf der alles zu sehen war – nur nicht, wie eine Zeitung wirklich zustande kommt; wer sie wirklich macht; wer ihr Herr ist. Das ist nicht zu sehen gewesen."

Diese Zeilen stammen aus dem Buch *Deutschland, Deutschland über alles.* Zum Foto eines einsamen Passanten auf der Hohenzollernbrücke erscheint Tucholskys Artikel mit dem scheinbar harmlosen Titel *Kölner Rheinbrücke.* Diese Brücke auf der „Strecke, auf der man nach Paris fährt", nimmt er zum Anlass, mit dem Rheinland gnadenlos ins Gericht zu gehen. Das märchenhafte Bild vom „Vater Rhein; sagenumwoben, kitschumkränzt" konterkariert er, indem er darauf hinweist, dass an dessen Ufern „die Proleten" arbeiten und die besseren Herren „saufen".[10]

Allerhand sei über diese Brücke gegangen. „Die dicken Geistlichen" etwa, die dabei „auf *ihr* Land gesehen" hätten, schreibt Tucholsky und holt zu einem Schlag gegen den rheinischen Katholizismus aus: Das Rheinland wisse nicht, dass es in Wahrheit von diesen Katholiken regiert werde, es habe nur „zwei Leidenschaften: das Bier und den Antisemitismus". Die „Handvoll Juden" aber, die es lautstark bekämpfe, seien gegen die wahren Herren in Rom nur „ein Fliegendreck".[11]

Auch die Sozialdemokratie sei über diese Brücke gegangen. Tucholsky kritisiert den rechten, rheinischen Flügel der SPD und ihren Kölner Anführer Wilhelm Sollmann. Dieser habe linke Ideale zugunsten von Bündnissen mit bürgerlichen Parteien verraten. Sollmann sei inzwischen „so realpolitisch", dass er gar nicht merke, wie seine Partei „heute die Rolle des alten Liberalismus" spiele und daher ebenso wie dieser „zerrieben" werde.[12]

Wenn man sich über diese Brücke beuge, könne man in den Rhein sehen, so der Schriftsteller: „Und wenn du lange genug hineinsiehst, blinkert es vielleicht auf: das ist das Rheingold." Die Nibelungensage mit Hagen, der das Gold im Rhein versenkte, verbindet Tucholsky mit einem Seitenhieb auf den rheinischen

Separatismus von 1923: Der moderne Hagen sei der Kölner Bankier Louis Hagen, der Adenauer damals unterstützt habe: „Aber frag doch einmal, wo der Herr Hagen und wo der Herr Adenauer, wo sie denn alle gewesen sind, als es an einem Haar hing, ob das Rheinland autonom werden sollte oder nicht ...! Frag doch einmal." Über diese Brücke seien 1923 auch Kuriere nach Paris gegangen. Und aus Berlin „die vielen Millionen Papiermark [...], die man in das Rheinland gejagt hat, auf daß es nicht autonom würde."[13]

Tucholsky verfolgt die Entwicklungen nicht nur von Paris und Berlin aus, sondern hält sich auch mehrfach am Rhein auf. Im Oktober 1929 reist er mit seinen beiden Freunden Hans Fritsch und Erich Danehl, dessen „Spezialität der Rhein ist"[14], entlang der Mosel bis nach Koblenz. Dort ist er überrascht, nicht die im Rheinland rassistisch geschmähten schwarzen französischen Kolonialsoldaten zu sehen, sondern nur weiße Franzosen, denen Wut entgegenschlägt. Monumentaler Schlusspunkt der Reise ist das riesige Reiterdenkmal am Deutschen Eck, für Tucholsky „ein Faustschlag aus Stein". Ihm bleibt der Atem weg: „Das Ding sah aus wie ein gigantischer Tortenaufsatz." Es „repräsentierte jenes Deutschland, das am Kriege schuld gewesen ist". So etwas belebe zwar im Rheinland den Tourismus, aber „in den Massengräbern zu Nordfrankreich wird sich ein Geraune erheben: ‚Wofür–?'" Tucholskys Antwort: „‚Dafür.'"[15]

Mehrere Reisen, auf denen er 1928 und 1929 aus seinen Werken liest oder Vorträge zu politischen Themen hält, führen ihn auch nach Köln. Doch während es über Tucholskys Auftritte in Wiesbaden, Hamburg, Berlin und Mannheim Publikationen gibt, werden seine Kölner Vorträge bislang nur beiläufig erwähnt.[16] Dabei sind sie durch Zeitungsartikel, prominente Augenzeugenberichte und Briefe gut dokumentiert. Tucholsky tritt im September 1928 zum ersten Mal in Köln auf, sein vierter und letzter Vortrag findet im November 1929 statt.

In genau diesem Zeitraum entfaltet sich in Deutschland ein historisches Drama in mehreren Akten: Die politische Atmosphäre vergiftet sich immer mehr. Empörung, Hass und sogar Gewalt sind an der Tagesordnung. Deutschnationale und Nationalsozialisten beherrschen zunehmend den Diskurs, das liberale Bildungsbürgertum und die Presse reagieren kleinlaut oder schweigen, manche stimmen den Rechtsextremen sogar zu. Von 1928 bis Ende 1929 hat sich die Gesellschaft in Deutschland polarisiert. Bei seinen Auftritten in Köln registriert Tucholsky diese Vorzeichen aufmerksam. Er verzagt zunehmend. Am Ende muss er erkennen, dass sich der Aufstieg des Faschismus wohl nicht mehr verhindern lässt.

Erster Akt

Frankreich, Deutschland und die Vereinigten Staaten von Europa

Im Kunstverein am Friesenplatz, 27. September 1928

Ende September 1928 verbringt Kurt Tucholsky einige Tage im Rheinland, begleitet von seiner Freundin und Liebhaberin Lisa Matthias, die er „Lottchen“ nennt, sowie seinem alten Freund Erich Danehl. Am Mittwoch, dem 26. September, machen sich die drei von Düsseldorf aus auf den Weg nach Köln.[1]

Am darauffolgenden Tag soll Tucholsky in der Domstadt nämlich einen Vortrag halten. Fünf Wochen zuvor schrieb er seiner Frau Mary, er solle „in Köln in einer Buchhandlung reden über Frankreich heute“. Und weiter: „Sie wollen 300 vorher zahlen, nun, man wird sehen.“[2] Denn solche Lesereisen sind für ihn auch eine Einnahmequelle.

Die erwähnte Buchhandlung ist die von Paul Wolfsohn am Habsburgerring 24, gegenüber der Oper am Rudolfplatz. Der engagierte jüdische Buchhändler ist seit 1921 in Köln tätig und organisiert regelmäßig Lesungen und andere Veranstaltungen.[3] Im Jahr 1923 präsentierte er in seiner Buchhandlung eine Ausstellung der renommierten Berliner Galerie Nierendorf mit führenden Künstlern der Avantgarde wie Kandinsky, Klee und Feininger.[4]

Der Tucholsky-Abend soll der glänzende Auftakt für Wolfsohns Programm im Winter 1928/29 sein.[5] Der Kartenverkauf läuft über seine Buchhandlung, aber auch über das Kaufhaus Tietz, das städtische Verkehrsamt und den Kunstverein.[6] Denn die Veranstaltung findet nicht in der Buchhandlung statt, wie

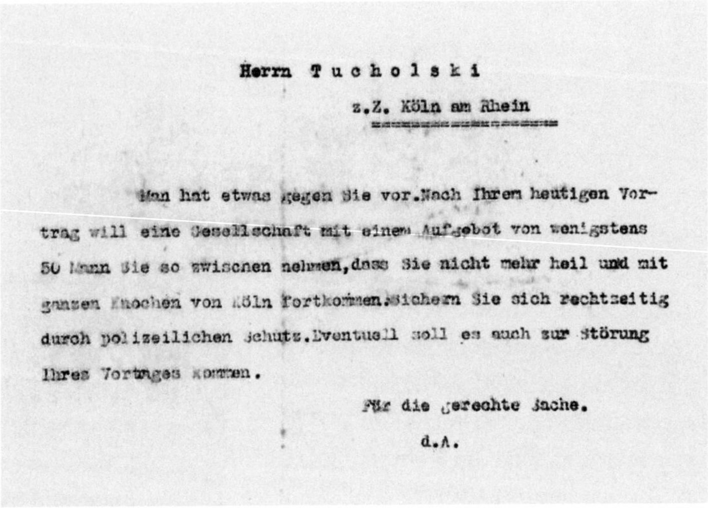

Herrn T u c h o l s k i

z.Z. Köln am Rhein

Man hat etwas gegen Sie vor.Nach Ihrem heutigen Vortrag will eine Gesellschaft mit einem Aufgebot von wenigstens 50 Mann Sie so zwischen nehmen,dass Sie nicht mehr heil und mit ganzen Knochen von Köln fortkommen.Sichern Sie sich rechtzeitig durch polizeilichen Schutz.Eventuell soll es auch zur Störung Ihres Vortrages kommen.

Für die gerechte Sache.

d.A.

Anonymes Schreiben als Warnung an Tucholsky, Ende September 1928, Akademie der Künste, Berlin

Tucholsky vermutete, sondern im „verhältnismäßig kleinen, aber hübsch klassizistischen Saal“ des Kunstvereins am Friesenplatz. In dem 1922 errichteten tempelartigen Gebäude wurden in den 1920er-Jahren expressionistische Malerei und Werke zeitgenössischer Künstlerinnen und Künstler präsentiert. „Schließlich hatte auch ein Max Ernst von hier aus seinen Weg genommen“,[7] erinnerte sich der spätere Literaturwissenschaftler Hans Mayer, der damals Student in Köln war.

Das muntere, aus Düsseldorf kommende Grüppchen nimmt für ein paar Tage Quartier im Kölner Dom-Hotel. Dieses noble Gebäude direkt neben dem Dom war bis zum Abzug der Besatzungsmächte 1926 Sitz der „Interalliierten Rheinlandkommission“. Nach einer umfangreichen Modernisierung ist es nun wieder das luxuriöse erste Haus am Platz – auch wenn Lisa Matthias später in der *Weltbühne* klagen wird, es habe über keine Garage verfügt.[8] Das Dom-Hotel sei „fein, folglich auch teuer“ gewesen, stellte Hans Mayer rückblickend fest, er habe deshalb Tucholsky die Wahl dieser vornehmen Unterkunft damals „albernerweise“ übel genommen.[9]

Im Hotel wird Tucholsky gewarnt. Vor seinem Auftritt bekommt er ein anonymes Schreiben für „Herrn Tucholski z. Z. Köln am Rhein“ von einem offenbar solidarischen Anhänger, mit einem aufgeklebten Pressefoto des Literaten. Darin heißt es: „Man hat etwas gegen Sie vor. Nach Ihrem heutigen Vortrag will eine Gesellschaft mit einem Aufgebot von wenigstens 50 Mann Sie so zwischen nehmen, dass Sie nicht mehr heil und mit ganzen Knochen von Köln fortkommen. Sichern Sie sich rechtzeitig durch polizeilichen Schutz. Eventuell soll es auch zur Störung Ihres Vortrages kommen.“[10]

Die Veranstaltung am Abend ist ausverkauft, der kleine Saal überfüllt, notiert der *Kölner Stadt-Anzeiger:* „Intellektuelles Volk drängt sich zuhauf im Kunstverein. Kein Stuhl bleibt unbesetzt.

An den Wänden stehen Zuhörer, in den Gängen, an allen Ecken und Enden des überhitzten Raums. Zuspätkommende erhalten keinen Platz mehr. Müssen wieder umkehren. Der Saal ist schließlich so voll, dass Karten nicht mehr ausgegeben werden dürfen."[11]

Tucholsky spricht zum Thema „Frankreich heute". Ein Jahr zuvor veröffentlichte er nach einer Reise in die französische Provinz unter dem Pseudonym Peter Panter *Ein Pyrenäenbuch,* das mit einem überschwänglichen Bekenntnis zu Frankreich endete: „[...] und ich sage: Dank. Dank, dass ich in dir leben darf, Frankreich. Du bist nicht meine Heimat, und ich bin kein alter Franzose, der auf einmal kein Deutsch versteht. [...] Du warst gastlich vom ersten Tage an. Du hast niemals den Fremden verspottet, wenn er Vokabeln, Bräuche, Stadtviertel verwechselte. [...] Auch du hast deine Justiz, deine Verwaltung, deine Eisenhüttendirektoren und deine Arbeiter ... Das ist deine Sache. Darüber schwieg ich stets – aus Liebe. Und ich bekam es von zu Hause nicht schlecht zu hören: Franzosenliebling, Französling, landfremdes Element, Undeutscher."[12]

Dem Bekenntnis zu seiner Wahlheimat schließt sich eine veritable Liebeserklärung an Paris an: „[...] da stehe ich auf der Brücke und bin wieder mitten in Paris, in unser aller Heimat. Da fließt das Wasser, da liegst du, und ich werfe mein Herz in den Fluß und tauche in dich ein und liebe dich."[13]

Unermüdlich wirbt Tucholsky für ein friedliches Miteinander der Völker und spricht über „Deutschland und Frankreich" – oder, wie er es formuliert, über den „Bindestrich zwischen den beiden Ländern und der ist sehr dünn".[14]

Das *Pyrenäenbuch* erntete in der *Kölnischen Zeitung* Lob, aber auch Tadel: „Keine Zeile" sei langweilig, alles „erlebt, erfüllt", schrieb der Chefredakteur. Das Buch sei voller kleiner „Kabinettstücke", packend, anschaulich und „psychologisch fein durchgearbeitet". Doch äußere der Autor auch „politische Geschmacklosigkeiten, die geistreich sein wollen und platt und billig sind", zudem einen „Pazifismus, den er mit donquichottischer Leidenschaft vertritt."[15]

Die literarisch Gebildeten und Anhänger des Schriftstellers, die sich an diesem Abend im Kunstverein versammelt haben, kennen wohl das *Pyrenäenbuch,* in jedem Fall aber Tucholskys Einstellung zu Frankreich.[16] Unter ihnen befinden sich viele Leser der *Weltbühne.* Hans Mayer wird nach dem Besuch der Veranstaltung sogar Mitglied der in Köln gegründeten „Vereinigung der Weltbühnen-Leser", die sich jedoch bald wieder entzweit.[17]

Man darf also mit Spannung erwarten, was er, der „Magnet, der sie alle anzieht, zu dem man drängt, den sie von Angesicht zu Angesicht kennenlernen wollen"[18], zum Thema Frankreich zu sagen hat.

Als fertig ausformulierter Text ist sein Vortrag nicht überliefert. Tucholsky spricht frei, ohne Manuskript oder Stichwortzettel, wie sich Mayer und andere später erinnern.[19] Bei seinen Vorträgen kann sich der Publizist an zahlreiche eigene Werke anlehnen, zumal beim Thema Frankreich: Neben dem *Pyrenäenbuch* hat er *Park Monceau* und *Wandertage in Südfrankreich* veröffentlicht. Ein reicher Fundus. So wundert es nicht, dass er seine Vorträge relativ unvorbereitet halten kann. Gut einen Monat zuvor schrieb er seiner Frau, er wisse zwar, dass er „am 27. in Köln über Frankreich redet", aber noch nicht, was er konkret vortragen wird.[20]

Wir können seine Ausführungen folglich nur aus Berichten von Zuhörern und Presseartikeln rekonstruieren. Hans Mayer schrieb rückblickend: „Da stand der untersetzte, sehr temperamentvolle Mann im eleganten blauen Anzug und legte los. [...] Er versuchte uns die völlig andere Lebens- und Denkart des bürgerlichen Frankreich darzustellen. Nicht durch lange theoretische Analysen, sondern mit Hilfe von Beispielen, meinetwegen von Anekdoten. Er bot eine Typologie französischer Existenzformen."[21] Auch an anderer Stelle verarbeitete Mayer lebhafte Erinnerungen an die Kölner Veranstaltung im September 1928: „Was Tucholsky damals vortrug, kennt man natürlich aus seinen berühmten Feuilletons und Gedichten [...] Berichtet wurde, ganz leicht, scheinbar improvisiert [...] von Conciergen und vom Essen, von der Liebe und Schwierigkeiten mit der französischen Sprache, vom Leben der kleinen Leute in Frankreich und der französischen Lebensphilosophie des Ah ça."[22]

Die Kölner Presse würdigt Tucholskys Vortrag mit ausführlichen Artikeln. Bürgerliche und katholische Blätter preisen seine Redekunst ebenso wie die sozialdemokratische *Rheinische Zeitung*. Tucholsky spreche in „fein geschliffener Form"[23], er sei ein „blühender Nachfahre Heinrich Heines"[24]. Er spreche ganz so, wie er schreibe: „Spitz und knapp, überlegen und ironisch, mit der Freude an der Pointe und am scharf geschliffenen Ausdruck", selbst da, wo man ihm nicht zustimme, versöhne sein „hoher sittlicher Ernst"[25].

Zuerst räumt Tucholsky mit einem „Wust von Vorurteilen"[26] auf. Zumal mit den gängigen Klischees von Paris, das allzu viele Deutsche für eine Stadt der Liebe und der Sünde hielten. Die berüchtigten Vergnügungsviertel seien jedoch nur für Fremde oder Touristen. „Jenseits des internationalen Amüsierbetriebs"[27] habe die Stadt jedoch weit mehr bürgerliche als mondäne Züge. Tucholsky bezeichnet Paris sogar „als die kleinbürgerlichste Stadt Europas"[28]. Sie habe, „die kommunistischen Vororte ausgenommen, einen rein bürgerlichen Charakter"[29].

„Und was sei nicht alles über die Französin gefaselt worden: Kokotte, schlechte Hausfrau und unzuverlässige Mutter."[30] Das Gegenteil sei richtig, man solle sich hüten, von wenigen Damen des Amüsierbetriebs auf das Ganze zu schließen. Die Französin urteile kühl und klar, zuweilen sogar „sehr spießig", in jedem

Falle aber sei sie eine „vortreffliche Frau, Hausfrau und Mutter“[31]. Sie habe rationalistische und bürgerliche Züge und trage wie die meisten Franzosen „das Jahr 1789 noch in sich [...] ohne jedoch heutiger roter Gesinnung zu huldigen“[32].

Frankreich sei „ein Bauernland und ein Bürgerland“[33]. Die Franzosen seien bürgerlicher als die meisten Deutschen vermuten dürften. Dies zeige sich etwa in der Wirtschaft, wo die Rentenvermögen eine größere Rolle spielten als in Deutschland – in Frankreich arbeite man, „um sich möglichst bald ausruhen zu können“[34]. Auch hochmoderne Betriebe sehe man in Frankreich seltener, stattdessen dominierten „in althergebrachter, erprobter Weise“ geführte Geschäfte und Gewerbe.[35] Das im Deutschland der 1920er-Jahre praktizierte „System der Amerikanisierung des äußeren Lebens“ stoße in Frankreich weitgehend auf Ablehnung, niemand dort würde „sich die kostbaren Stunden der Mahlzeiten durch geschäftliche Unterhaltung und dergleichen stören lassen“[36]. Dabei seien Franzosen feinfühliger als Deutsche, schließlich wäre es „nicht nur anständig, höflich zu sein“ – es sei auch „viel praktischer“[37].

Franzosen regelten ihre Angelegenheiten durch „combinaison“, ein nicht übersetzbares Wort. Gemeint sei jene „echt parisersche Art“, Geschäfte mithilfe eines ausgeklügelten Geflechts von Beziehungen und Arrangements zu tätigen.[38] Merkwürdig ist, dass in der Kölner Presse nicht erwähnt wird, wie eng dieses System mit dem rheinischen Klüngeln verwandt ist. Tucholsky beschreibt die Unterschiede zwischen Franzosen und Deutschen aus dem Blickwinkel des aufklärerischen Berliners. Der von ihm beobachtete Kontrast zwischen dem katholischen, romanischen Frankreich und dem protestantisch und preußisch geprägten und zugleich hochmodernen Deutschland scheint ihm fast unüberwindbar zu sein – Einfühlungsvermögen in die wohl etwas anders geartete Mentalität der Rheinländer besitzt er nicht.

Auch Negatives sieht Tucholsky bei Französinnen und Franzosen. Etwa einen seiner Ansicht nach weitverbreiteten Neid. Und das System der Bespitzelung durch die Polizei und die allgegenwärtigen Hausmeister und Portiersfrauen, die Concierges.[39] Seine Schilderung der Pariser Concierges ist auch Hans Mayer später noch sehr präsent: „Tucholsky war geübt im Geschichtsdenken. So gelang es ihm, ohne daß die Leichtigkeit des improvisierten Erzählens verlorenging, die Geschichte dieser furchteinflößenden und staatserhaltenden Pförtnerinnen und Pförtner aus der napoleonischen Zeit des Polizeiministers Fouché abzuleiten."[40]

Tucholskys politisches Fazit ist auf den ersten Blick ernüchternd: Deutsche und Franzosen „seien wie Oel und Wasser"[41], Welten voneinander entfernt. Er glaubt nicht an die Möglichkeit einer Verschmelzung ihrer beiden grundverschiedenen Wesensarten. Auch hat er kein Vertrauen in dieses „Salonrapprochement"[42]. Tucholsky macht sich keine Illusionen über einen Pazifismus, der sehr leicht in sich zusammenfallen könne, weil er in Deutschland „nur von einer dünnen intellektuellen Oberschicht getragen wird"[43]. Aber „wenn man sich nicht lieben kann, muß man sich deshalb ins Gesicht schießen?"[44]. Schließlich sei es „nicht wahr, dass *der* Franzose *den* Deutschen haßt"[45]. Man müsse sich gar nicht lieben – doch gebe es die Möglichkeit des Verstehens. Und dazu benötige man eine den Frieden sichernde Rechtsordnung.[46] Sein Schlusssatz lautet daher: „Vorwärts zu den Vereinigten Staaten von Europa!"[47]

Beim Publikum kommen seine Bemerkungen gut an, man ist ihm „für jedes muntere Nebenher dankbar" und reagiert „mit einer in Köln seltenen Verständnisfülle"[48], so die sozialdemokratische *Rheinische Zeitung*. Auch ein Artikel im liberalen *Kölner Tageblatt* urteilt positiv: Zwar sei manches anfechtbar und einiges allzu subjektiv, doch habe Tucholsky mit großer Sach- und Menschenkenntnis versucht, eine Brücke zwischen den beiden

Völkern zu schlagen, „aus Liebe zu Deutschland“ und aus „Hochachtung vor Frankreich“[49]. Der bürgerliche *Kölner Stadt-Anzeiger* lobt Tucholskys Vortrag ebenfalls, konstatiert jedoch einen „gewissen Bruch“, der eintrete, sobald der Redner zum Schluss politische Ziele formuliere: „Über die Art und Weise, Kriege zu vermeiden, gehen die Meinungen weit auseinander. Man kann Tucholskys Ansicht achten, ohne ihr zuzustimmen, da sie eben zu idealistisch und utopisch schön ist, um je Wirklichkeit werden zu können.“[50]

Den Journalisten des *Kölner Lokal-Anzeigers,* der der Zentrumspartei nahesteht, ärgern die Seitenhiebe auf das französische katholische Bürgertum, das Tucholsky als „Hort einer deutschfeindlichen, reaktionären und rückständigen Gesinnung“ beschreibe. Es sei schade, dass er solch ein „Zerrbild“ zeichne, wo er doch „dem übrigen Frankreich mit fast übertriebener Sorgfalt“ gerecht werden wolle.[51]

Hans Mayer und seine Kommilitonen diskutieren nach der Veranstaltung im Kunstverein über Tucholskys Vortrag. Einige erklären, „im Grunde enttäuscht zu sein“. Es sei ihnen „zu anekdotisch“ und nicht „grundsätzlich genug“ gewesen. Mayer, der mit Tucholsky Briefe wechselt, gibt ihnen nach, allerdings nur aus „Konformismus“ – in Wirklichkeit ist er begeistert. Sein Fazit: „Man lachte sehr, und man lernte viel.“[52]

Die befürchteten Störungen und Gewalttätigkeiten blieben glücklicherweise aus. Ob Tucholsky dem Rat des anonymen Briefschreibers gefolgt ist und um verstärkten Polizeischutz gebeten hat? Wir wissen es nicht.[53]

Äußerst anerkennend, aber ebenfalls mahnend klingt der Brief, den er nach dem Vortrag von Erich Leyens erhält. Der junge jüdische Kaufmann und Mitinhaber des Textilgeschäfts Leyens & Levenbach in Wesel war eigens nach Köln gereist, um den Schriftsteller zu hören. Als Weltkriegsteilnehmer kann sich

Leyens Tucholskys Appellen für eine deutsch-französische Aussöhnung nur anschließen, er warnt aber deutlich vor dem „sehr stark nationalistischen, einfältig-starren Revanchegeist, ‚Kriegervereinsgeist', hier im Westen". Angesichts dieser Bedrohung seien Tucholskys „Schilderungen" und sein „Bekenntnis und die logischen Forderungen" eine mutige Tat.[54]

Mit diesen eher düsteren Botschaften im Gepäck – die in Köln erhaltene anonyme Warnung wird noch jahrelang auf seinem Schreibtisch liegen – begibt sich Tucholsky am 29. September 1928, zwei Tage nach seinem Vortrag, von Köln aus auf die Rückreise nach Paris.[55]

Erstes Zwischenspiel

Paris – Tessin – Paris – Berlin

September 1928 bis März 1929

Tucholsky informierte seine Ehefrau Mary in Briefen regelmäßig über seine Arbeit, seine Überzeugungen und Befindlichkeiten sowie über seine Ausflüge mit Erich Danehl, den er „Kallchen" oder „Karlchen" nennt. Kurz vor seinem Kölner Auftritt schrieb er Mary, er bleibe danach „vielleicht noch einen Tag" in Köln „mit Kallchen".[1] Danehl, Jurist und Sozialdemokrat von durch und durch linksliberaler Gesinnung, ist seit Februar 1928 stellvertretender Polizeipräsident in Elberfeld. Tucholsky kennt ihn seit dem Ersten Weltkrieg. Sie unternehmen regelmäßig gemeinsame Reisen, Wanderungen oder Trinkgelage, oft ist auch Hans Fritsch dabei, ebenfalls Jurist und von Tucholsky „Jakopp" genannt. Vor dem Kölner Aufenthalt im September 1928 waren Danehl und Tucholsky in Hamburg, Lübeck und der Holsteinischen Schweiz unterwegs.[2]

Was Tucholsky seiner Frau Mary verschweigt: Bei diesen Unternehmungen ist stets auch seine Geliebte Lisa Matthias dabei.[3] Die Frau des Berliner Schriftstellers Leo Matthias ist elegant, emanzipiert und wohlhabend. Tucholsky lernte sie 1927 auf einem Berliner Künstlerball kennen, und schon bald entwickelte sich zwischen ihm und der gelernten Modellschneiderin und aufstrebenden Journalistin eine leidenschaftliche „Liaison"[4]. Im Mai 1928 trafen sich beide heimlich in einem Pariser Hotel, ihr „Daddy"[5] fürchtete jedoch, mit ihr ertappt zu werden. Hamburg, Lübeck, Holsteinische Schweiz, Düsseldorf, Köln: Im September 1928 ist immer auch Lisa Matthias an Tucholskys Seite.[6]

Tucholsky in Paris, 1928

Dagegen hat sich das Verhältnis zu seiner Ehefrau Mary abgekühlt. Ihre Beziehung geht in die Brüche. Zwar schreibt Tucholsky noch aus Köln vor der Rückfahrt nach Frankreich an Mary, er wolle es „als ehemaliger Ausreißer“ doch noch einmal mit ihr versuchen.[7] Doch dieser letzte Versuch eines gemeinsamen Lebens in Paris scheitert. Mary verlässt ihn für immer. Ende November 1928 zieht sie zurück nach Berlin. Eine Scheidung will Tucholsky vorerst nicht, ihren Abschiedsbrief wird er bis zu seinem Tod in der Brieftasche bei sich tragen.[8]

Nun ergreift Lisa Matthias, die ebenfalls Ansprüche an Tucholsky stellt, ihre Chance. Wenige Tage später ist sie bei ihm in Paris.[9] Gemeinsam verbringen sie den Jahreswechsel im Tessin, wo Lisa eine Wohnung in Lugano besitzt. Ab Januar 1929 ist Tucholsky wieder allein in Paris, doch schon im Februar stoßen Lisa und „Karlchen“ dazu.[10]

Mitte März 1929 trifft sich Tucholsky in Berlin mit Mary, sie ist auch am 17. März dabei, als der Schriftsteller im Bechstein-Saal aus eigenen Werken liest – der Beginn einer Vortragsreise, die ihn erneut nach Köln führen soll.[11]

Das Funkhaus der WERAG in der Dagobertstraße 38, um 1940

Zweiter Akt

Aggression von rechts und ein mutiger Intendant

Beim Westdeutschen Rundfunk, 22. März 1929

In Köln findet am 22. März 1929 der „Tag des Buches" mit bildungsbürgerlichem Zuschnitt statt, der in der Presse groß angekündigt und vom Rundfunk mitveranstaltet wird. Tucholsky liest an diesem Karfreitag im Funkhaus der Westdeutschen Rundfunk AG (WERAG) in der Dagobertstraße 38 aus eigenen Werken.[1] Rundfunkintendant Ernst Hardt leitet den Kölner Sender seit 1926 und bemüht sich erfolgreich um künstlerisches und gesellschaftliches Niveau.[2] Nach seiner Aussage kam die Lesung zustande, weil Tucholsky „zufällig im Rheinland anwesend war und wir ihn daher verpflichten konnten"[3]. Tatsächlich ist schon seit Längerem ein Auftritt Tucholskys für den folgenden Tag im Haus der Lesegesellschaft in der Langgasse gebucht, ebenfalls mit einem „Vortrag aus eigenen Schriften"[4].

Aus welchen Werken er in der WERAG an jenem Tag zwischen 16.35 und 17 Uhr liest, ist nicht überliefert, doch ist es auch relativ gleichgültig, was genau er vorträgt. Denn allein der Auftritt des von der politischen Rechten angefeindeten Autors genügt, um Proteste zu entfachen und den Intendanten in Bedrängnis zu bringen. Schrieb Tucholsky doch bereits 1925, den Pazifisten fehle eine „einfache Losung". Diese müsse nicht nur heißen „Nie wieder Krieg!", sondern auch: „Gefühle von Mördern bedürfen keiner Schonung."[5] Ein anderer pazifistischer und radikaler Text aus dem Jahr 1926, in dem Tucholsky sogar zur Steuerverweigerung aufrief, gipfelte in den Worten: „Im Namen der Mütter, die den nutzlosen Tod ihrer für einen Dreck gefallenen Söhne beweinen, [...] wehren wir uns gegen die Vergeudung unserer Steuergroschen, die man uns abpresst und rufen: ‚Dieser Reichswehr keinen Mann und keinen Groschen!'“[6]

Kein Wunder also, dass sich lautstark deutschnational gebärdende Kreise herausgefordert fühlen. In Tucholskys Nachlass befindet sich ein Artikel aus der *Gummersbacher Zeitung* über einen Briefwechsel zwischen der Deutschnationalen Volkspartei (DNVP) und dem Intendanten des Westdeutschen Rundfunks.[7] Knapp zwei Wochen nach Tucholskys Lesung im Funkhaus beschwerte sich demnach der Kreisverein Köln-Stadt der DNVP bei Ernst Hardt: Es sei „eine ungeheuere Brüskierung weitester Kreise der Hörerschaft, einen Mann wie Tucholsky, Panther, Ignatz Wrobel usw. im Westdeutschen Rundfunk sprechen zu lassen, dazu noch am Tag des Buches.“[8] Und weiter: „Die Bereitstellung des Rundfunks zu Vorträgen eines solchen Mannes stellt einen *Mißbrauch des Rundfunks* dar, der nicht scharf genug verurteilt werden kann.“ Der Intendant trage „die Verantwortung dafür“, dass die Akzeptanz des Publikums sinke, er sei schuld, „wenn die Empörung über die nicht objektive Handhabung beim Westdeutschen Rundfunk bei den Rundfunkveranstaltungen in ständigem Wachsen sich befindet.“[9]

Denn schließlich habe Tucholsky die „ungeheuerlichen Sätze“ geschrieben: „Wer im Kriege getötet wurde, ist nicht zu feiern, sondern aufs tiefste zu bedauern, weil er für einen Dreck gefallen ist. Der Feind steht nicht drüben, sondern hüben.“[10] Diese Sätze formulierte Tucholsky 1925 und rief dazu auf, die „Wehrpflicht [...] auch gegen das Gesetz zu verweigern“[11].

Tucholskys Aussage, die deutschen Soldaten seien im Ersten Weltkrieg „für einen Dreck gefallen“, war für Hinterbliebene, die einen Sinn für den Tod von Millionen Soldaten suchten, nur schwer zu verkraften. Sie war zugleich ein Angriff auf den von der DNVP und ihren Anhängern zelebrierten Heldenmythos, dem zufolge Zivilisten, Bolschewisten und Juden eine tapfer das Vaterland verteidigende Armee um ihren Sieg betrogen hatten.[12]

In seiner Antwort auf die Vorwürfe versucht sich Intendant Hardt zu rechtfertigen, indem er schreibt, die Lesung Tucholskys sei gar nicht im Rahmen der Veranstaltung zum „Tag des Buches" durchgeführt worden. Dies war ein schwaches Argument, denn in den Programmankündigungen erschien sie einmal unter diesem Titel, ein anderes Mal nicht.[13] An Deutlichkeit nichts zu wünschen übrig lässt hingegen sein darauf folgender Satz: „Jeder Hörer, welcher Tucholski nicht schätzt und nicht zu hören wünscht, konnte sich ja seiner Vorlesung durch Abschalten des Apparates entziehen."[14]

Die Presse stellt sich jedoch gegen den Intendanten und hinter den deutschnationalen Protest. Man habe „mehrfach Gelegenheit" gehabt, sich „mit der Person des Herrn Tucholski zu beschäftigen", die Beschwerde der DNVP sei völlig „berechtigt", heißt es in der *Gummersbacher Zeitung*. Tucholskys politische Aufrufe, mit denen „er sich zu einer geradezu unglaublichen Verhöhnung und Besudelung des deutschen Heldentums im Weltkriege erdreistet", hätten „in der Tat dem Westdeutschen Rundfunk Grund und Ursache genug sein sollen, den Vortrag dieses sattsam bekannten Pazifisten zu verhindern."[15]

Tucholsky selbst wird diese Kontroverse Monate später noch einmal in einem Beitrag in der *Weltbühne* aufgreifen: Ende Mai 1929 – der angefeindete Autor ist inzwischen von seiner Lesereise zurückgekehrt und um einige Erfahrungen reicher – plädiert er in einem Artikel mit dem Titel *Provinz* dafür, sich nicht nur in Berlin, sondern auch in Provinzstädten zu engagieren, nur so sei ein „Sieg unsrer Gedanken" zu erreichen. Als Beispiel für eine Provinzstadt dient ihm Köln: Hier könnten einige wenige mutige

„Kerle dem Stadtrat ordentlich zusetzen, sie könnten da eine Macht sein, wo heute die andern unumschränkt herrschen, und sie herrschen!" Wer wage es denn, zu sagen „‚Wenns euch nicht paßt, könnt ihr die Antenne erden'? Ernst Hardt in Köln hats ihnen gesagt – man muß ihm dafür Dank wissen." Viele andere seien leider weitaus furchtsamer.[16]

Dritter Akt

Das Lächeln der 5 PS

In der Lesegesellschaft in der Langgasse,
23. März 1929

Im Dom-Hotel schreibt Tucholsky am 23. März 1929, obwohl „schon ganz rammdösig vom Tippen", noch einen längeren Brief, in dem er sich über das Theatermilieu auslässt, „diese Atmosphäre von Betrug, Hysterie, Wahnwitz, Weiberkram"[1]. Dagegen ist sein Kölner Auftritt am Abend im „solide-traditionsreichen" Saal der Kölner Lesegesellschaft in der Langgasse geradezu gediegen. Hier, wo sonst Kammermusikabende stattfinden, erwartet ihn ein aufmerksames Publikum.[2]

Der von der Westdeutschen Konzertdirektion organisierte Abend ist die Fortsetzung einer Lesereise, die in Hamburg begonnen hat. Auf Köln folgen weitere Stationen in Berlin, Frankfurt und Mannheim.[3]

In Köln werde Tucholsky aus eigenen Schriften lesen, darunter auch „Unveröffentlichtes"[4], heißt es in den Ankündigungen. Auch von dieser Lesung existiert keine schriftliche Fassung, doch lässt sie sich anhand von Augenzeugenberichten und ausführlichen Presseartikeln rekonstruieren.[5]

Vom bürgerlichen *Kölner Stadt-Anzeiger* über das liberale *Kölner Tageblatt* bis hin zur *Sozialistischen Republik,* dem Organ der KPD, sind alle Zeitungen beeindruckt von Tucholskys herausragenden Formulierungskünsten und seinem Redetalent. Der „glänzende Stilist" mit seiner „echten lauteren Gesinnung" reiße mit „geistvollen Paraden des Spotts", mit „gesalzenen und gepfefferten Ironien" und „knatternden Wortpatronen" den „Piefkes aller Art die Uniform herunter“, lobt der *Kölner Stadt-Anzeiger*.[6] Vom „Rhythmus und der Phantasie eines Dichters hinreißend gestaltet“ seien die Beiträge dieses „echtesten Zeitdichters, den Deutschland heute besitzt“, resümiert die *Sozialistische Republik*.[7]

Das *Kölner Tageblatt* urteilt, Tucholsky sei „wohl der geistig agilste Kopf unter den deutschen Literaten und Journalisten“, bei aller Schärfe sei er aber dennoch gerecht und gütig. Er werfe mit Parodien, Essays, Versen, Satiren, Couplets, Witzen, Attacken, Leidenschaften, Ironien und tiefsten Bedeutungen nur so um sich, kurz: Er liefere „die glänzendste und überlegenste Zeitkritik, die man nur sich denken mag“. Man könne ihn durchaus mit Voltaire vergleichen.[8]

Der Artikel im *Kölner Stadt-Anzeiger* trägt den Titel „Das Lächeln der 5 PS“ und spielt damit auf zwei Sammelbände Tucholskys an, aus denen er an diesem Abend liest: das 1928 veröffentlichte Buch *Mit 5 PS* und den noch druckfrischen Band *Das Lächeln der Mona Lisa*.[9] Sie enthalten Beiträge, die er unter den Pseudonymen Ignaz Wrobel, Peter Panter, Theobald Tiger und Kaspar Hauser in verschiedenen Zeitungen und Zeitschriften veröffentlicht hat.[10] Auch aus seinem *Pyrenäenbuch* liest Tucholsky in Köln.[11]

Der Besprechung im *Kölner Tageblatt* lässt sich entnehmen, welche Kapitel aus den erwähnten Büchern Tucholsky am 23. März 1929 in Köln zum Besten gibt. Demnach liest er *Der letzte Ruf* aus *Das Lächeln der Mona Lisa*, eine radikale Abrechnung mit dem Nationalismus als fürchterlicher Ersatzreligion: „Es gibt bekanntlich drei wahrhaft internationale Mächte: die katholische Kirche, die Homosexuellen und Standard Oil. Zu ihnen gesellt sich die Nation als die vierte [...]“,[12] heißt es darin. So schreie der belgische Delinquent auf dem Schafott „Vive la belgique!“, „weil ihm in der letzten Sekunde nichts Gescheites einfällt“.[13] Dieses Lob des Vaterlands ist für Tucholsky der Ruf einer „geistesschwach gemachten Menschheit“, ein „Ruf der Lämmer und der Schlächter, der Feldprediger und der Generale, der verkleideten Bankiers und der verkleideten Proletarier.“[14]

Das nächste Kapitel, das Tucholsky aus diesem Sammelband vorträgt, ist eine satirische Zukunftsvision. Was geschähe wohl, wenn „auf einmal, so gänzlich hinterrücks, die Prügelstrafe in Deutschland wieder eingeführt“ würde? Dann würden „Sozialisten, Zentrum, Stahlhelmer, Demokraten-Polizeioffiziere sich in diesbezüglichen Akten [...] geflissentlich äußern [...] und die philosophische Fakultät einer preußischen Universität würde als Dissertation verfügen: ‚Der ethische Wert der Prügelstrafe inbezug auf die Ertüchtigung des deutschen Volkes‘. Promotion summa cum laude.“[15] Unterstützt würde die Prügelstrafe von einem „Reichsverband der Reichserzüchtigungsbeamten“. Tucholskys Fazit: „Das deutsche Volk und seine Prügelstrafe – sie sind untrennbar und ohne einander nicht zu denken! Das walte Gott!“[16]

Nach dieser makabren – aber angesichts der reaktionären Gesinnung vieler deutscher Beamter zur Zeit der Weimarer Republik durchaus denkbaren Fantasie – widmet sich Tucholsky der Frage: *Wie benehme ich mich als Mörder?* Dieser Text sei ein wahres „Vademecum vor dem Erscheinen bei Kriminalpolizei und Untersuchungsrichter“, so das *Kölner Tageblatt* augenzwinkernd, schließlich könne es „jedem biederen Zeitgenossen“ einmal passieren, ein Mörder zu werden.[17] Sarkastisch erklärt Tucholsky, normale Mörder würden sicher vor Gericht Milde erwarten, nicht aber „Ordnungsstifter“ und hohe Offiziere. Jeder weiß: Das genaue Gegenteil ist der Fall.[18]

Der nächste Text, den Tucholsky vorträgt, ist ein Gedicht und kommt scheinbar leichtfüßig daher. Es trägt den Titel *Apage, Josephine, apage –!,* was sich in Anlehnung an die Formel der katholischen Teufelsaustreibung übersetzen ließe mit: „Weiche, Satan Josephine!“[19] Es bezieht sich auf die Europatournee der

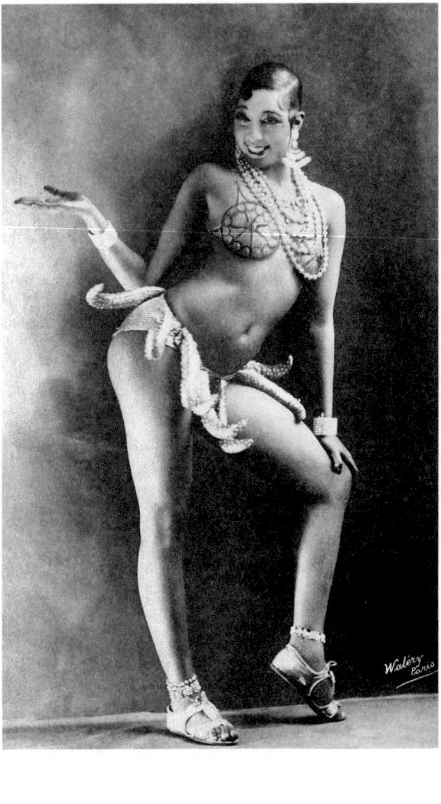

Josephine Baker mit ihrem berühmten Bananenröckchen, um 1926/27

skandalumwitterten Tänzerin Josephine Baker im Jahr 1928. Mehr noch als bei ihren Auftritten zwei Jahre zuvor war dem gefeierten Schwarzen Pariser Revuestar rassistischer und sexistischer Hass entgegengeschlagen. In München, Wien, Prag und Budapest hatte man ihre Auftritte wegen vermeintlicher „Unsittlichkeit" sogar verboten.[20] Schonungslos enthüllt Tucholsky diese katholische Doppelmoral der „Zentrums-Schwarzen", die sich „bedroht in ihrer Sittlichkeit"[21] fühlen:

> Wenn eine Tänzerin gut gewachsen ist
> und einen Venus-Körper hat, der nicht aus Sachsen ist;
> und wenn sie tanzt, daß nur der Rhythmus so knackt,
> und wenn sie ein ganzes Theater bei allen Sinnen packt;
> und wenn das Leben bunt ist hierzulande –:
> das ist eine Schande."
> Wenn aber Christus, der gesagt hat: „Du sollst nicht töten!",
> an seinem Kreuz sehen muß, wie sich die Felder blutig röten;
> wenn die Pfaffen Kanonen und Flugzeuge segnen
> und in den Feldgottesdiensten beten, daß es Blut möge regnen;
> und wenn die Vertreter Gottes auf Erden
> Soldaten-Hämmel treiben, auf daß sie geschlachtet werden;
> Und wenn die Glocken läuten: „Mord!" und die Choräle hallen:
> „Mord! Ihr sollt eure Feinde niederknallen!"
> Und wenn jemand so verrät den Gottessohn –:
> Das ist keine Schande.
> Das ist Religion.[22]

Das *Kölner Tageblatt* konstatiert mit Blick auf den Einfluss des katholischen Zentrums in der Domstadt und im Rheinland, dieses bitterböse Fazit über die Auftritte Josephine Bakers sei „ein Hymnus Theobald Tigers auf kulturethische Missionen, wie sie nicht nur in Wien oder München passieren können"[23].

Anschließend stellt Tucholsky sein Gedicht *An einen Bonzen* aus dem Band *Mit 5 PS* vor. Darin geht er mit einem ehemaligen Genossen ins Gericht, der aufgestiegen ist in der sozialen Hierarchie, dicke Zigarren raucht und zu dem man nur noch durchs Vorzimmer gelangen kann:

> Weißt nichts mehr von alten Kameraden,
> wirst aber überall eingeladen.
> Du zuckst die Achseln beim Hennessy
> und vertrittst die deutsche Sozialdemokratie.
> Du hast mit der Welt deinen Frieden gemacht.
> Hörst du nicht manchmal in dunkler Nacht
> eine leise Stimme, die mahnend spricht:
> „Genosse, schämst du dich nicht –?“[24]

Der Berichterstatter des *Kölner Tageblatts* hat Verständnis für diese Mahnung, denn schließlich fahre auch Hermann Müller – ehemals SPD-Vorsitzender und seit 1928 Reichskanzler an der Spitze einer großen Koalition – „heute im neuen Horch 8“, einem Luxuswagen der Oberklasse. Überall säßen diese Funktionäre auf Bürgermeistersesseln und würden „mit geschwellter Männerbrust Proletarierinteressen“ vertreten.[25]

Die kommunistische Zeitung *Sozialistische Republik* ist, wie nicht anders zu erwarten, voll des Lobes: Tucholsky habe den Nationalismus angegriffen, „dem das Blut vom Halse trieft“, und vor allem die „Verräter der Sozialisten“ gezüchtigt.[26] Gemeint sind die Sozialdemokraten.

Einer ihrer Wortführer ist der Kölner Reichstagsabgeordnete Wilhelm Sollmann, der sich an diesem Abend auch unter den Zuhörern befindet. Er verhinderte im Jahr 1918 gemeinsam mit Oberbürgermeister Adenauer den Ausbruch revolutionärer Unruhen in Köln, gehört zum rechten Flügel der SPD und ist Chefredakteur der in Köln erscheinenden *Rheinischen Zeitung*. Während Tucholsky im Saal den „Lack dieser Republik" abbeizt und die wahre „Fratze" des Staats enthüllt, habe sich Sollmann ruhig seine Brille geputzt, so die kommunistische Presse.[27]

Noch ernster, ja, todernst wird Tucholsky mit dem nächsten Gedicht *Der Graben* aus dem Jahr 1926, von Hanns Eisler vertont und in Berlin am Tag nach Tucholskys Kölner Auftritt von Ernst Busch gesungen.[28] In den ersten Strophen wird an eine Mutter und einen Jungen appelliert, die im Ersten Weltkrieg ihren Sohn bzw. ihren Vater verloren haben. Wie die „französischen Genossen" und „Englands Arbeitsmann" ruhen sie zerschossen im Massengrab. Die Konsequenz aus dieser sinnlosen Massenschlächterei kann laut Tucholsky nur sein, sich dem System des Krieges, seiner Kommandeure und Profiteure, radikal zu verweigern und sich über alle Nationalitäten hinweg die Bruderhand zu reichen:

> Seid nicht stolz auf Orden und Geklunker!
> Seid nicht stolz auf Narben und die Zeit!
> In die Gräben schickten euch die Junker,
> Staatswahn und der Fabrikantenneid.
> [...]
> Werft die Fahnen fort!
> Die Militärkapellen
> spielen auf zu euerm Todestanz.
> Seid ihr hin: ein Kranz von Immortellen –
> das ist dann der Dank des Vaterlands.
> Denkt an Todesröcheln und Gestöhne.
> Drüben stehen Väter, Mütter, Söhne,
> schuften schwer, wie ihr, ums bißchen Leben.
> Wollt ihr denen nicht die Hände geben?
> Reicht die Bruderhand als schönste aller Gaben
> übern Graben, Leute, übern Graben –![29]

Der Journalist des *Kölner Tageblatts* ist sichtlich beeindruckt von diesem Gedicht über den Schützengraben und erwähnt in diesem Zusammenhang eine Grafik von George Grosz, „wegen der er verurteilt wurde".[30]

Das wird damals von allen verstanden. Es ist eine Anspielung auf Grosz' berühmte Zeichnung *Maul halten und weiter dienen,* die Christus am Kreuz mit Gasmaske und Soldatenstiefeln zeigt. Der Künstler schuf sie zunächst als Bühnenbild für eine Inszenierung von Jaroslav Hašeks *Der brave Soldat Schwejk* in Berlin, bevor der Malik-Verlag sie publizierte. George Grosz und der Verleger Wieland Herzfelde wurden daraufhin wegen Gotteslästerung angeklagt und in erster Instanz zu je 2000 Mark Strafe verurteilt. Im März 1929 erregt dieses Urteil die Gemüter, beschäftigt den preußischen Landtag, den Reichstag und findet sogar internationales Echo.

Auch der Journalist, der in der *Sozialistischen Republik* über den Tucholsky-Abend berichtet, geht auf den Fall ein und fragt rhetorisch: „Wer straft George Groß als Gotteslästerer für geniale Zeichnungen? Wer fabriziert Schmutzgesetze und macht Konkordate? [...] Wer drosselt Schritt für Schritt eine Kunst, die Lügen geißelt? Wer?" Seine Antwort: die von den Sozialdemokraten geführte Reichsregierung, die „deutsche Republik der deutschen Sozialisten". Und diese „Zuchthaus-Republik" bedrohe nun auch Tucholsky mit „zweitausend Mark Geldstrafe".[31]

Tatsächlich läuft während Tucholskys Auftritten in Köln auch gegen ihn und den Verleger Willi Münzenberg ein Verfahren wegen Gotteslästerung. Stein des Anstoßes ist sein Gedicht *Gesang der englischen Chorknaben,* das im September 1928 in der kommunistischen *Arbeiter-Illustrierte-Zeitung* erschien. Darin heißt es über die Kirche:

> […] sie beugt dem Proleten den Rücken krumm
> und hält ihn sein ganzes Leben lang dumm,
> und segnet den Staat und seine Soldaten,
> die Unternehmer und Potentaten
> und segnet überhaupt jede Schweinerei
> und ist allemal dabei.[32]

Im März 1929 wird Tucholsky dazu vernommen. Erst Ende Mai 1929 wird das Verfahren eingestellt.[33] Als auch Grosz freigesprochen wird, lobt das *Kölner Tageblatt* den „Richter voll Mut, Wahrheit und Klarheit“[34]. Dafür wird die liberale Zeitung von der Kölner NS-Presse beschimpft: Sie huldige einem „Geist, der […] deutsches Wesen durchsetzt und zerfrißt“, und diene nur „der Tätigkeit jüdischer oder judendienerischer Schriftsteller“.[35]

Den letzten Teil seines Leseabends bestreitet der Autor mit humoristischen Texten: „Nett“, wenngleich auch „aufreizend“, vermerkt das *Kölner Tageblatt,* seien die „Spießerpersiflagen“ von einer „Berliner Gesellschaft am Timmendorfer Strand“[36] oder seine satirische Kurzgeschichte *Wo kommen die Löcher im Käse her –?,* in der eine harmlose Kinderfrage beim Abendessen zum erbitterten Wortgefecht wohlhabender Bürger und schließlich zur völligen Zerrüttung führt: „Familie gerät in Konvulsion, eine Harmonie fliegt in Trümmer.“[37] Zurück bleiben, so der Schluss von Tucholskys Text, „ein trauriger Emmentaler und ein kleiner Junge, der die dicken Arme zum Himmel hebt und, den Kosmos anklagend, weithinhallend ruft: ‚Mama! Wo kommen die Löcher im Käse her –?‘“[38]

Es folgt aus *Mit 5 PS* eine Geschichte der Kunstfigur Herr Wendriner, jenes dicklichen und bornierten jüdischen Berliner Kaufmanns, der einen geschäftigen Spießer verkörpert: „Herr Wendriner ist leutselig und ein patenter Kerl. Der Typ ist unsterblich. Tucholsky hat ihn erfunden.“[39] Welche seiner Wendriner-

Episoden Tucholsky in Köln vorträgt, wissen wir nicht. Vermutlich, wie einen Tag später in Berlin, jene köstliche Kapriole, an deren Ende der Ehebrecher Wendriner seiner Gattin aus schlechtem Gewissen ein Kostüm kauft „und eine Flasche Parfum, sie kriegt auch ne Bonbonniere ...“[40]

Zum Abschluss liest er in Köln „aus seinem erfrischenden ‚Pyrenäenbuch‘“, allerdings nur ein Kapitel, wie das *Kölner Tageblatt* bedauert.[41] Es handelt sich um die satirische Schilderung eines Hotelaufenthalts in der französischen Provinz. Darin heißt es: „Das Auge bekommt ein Hotelzimmer für eine Person allein zu mieten – das Ohr nicht. Hotels sind die lautesten Niederlassungen der Menschen. [...] Nein, es ist nicht nur das Ohr. Jedes gute Hotelzimmer hat mindestens drei Türen, damit man sich nicht so allein fühlt – und mindestens drei davon haben Glasscheiben. [...] Aber das liegt wohl so im Wesen aller Hotels, mit Ausnahme der ganz vornehmen, in denen Boxer, Diplomaten, Verleger und andere feine Leute wohnen, und die französischen sind im allgemeinen nicht eben schlecht.“[42]

Der Applaus ist dem Autor an diesem Abend sicher, das Publikum ist begeistert. „Eine Stunde, prall vom Geiste des guten Europäers“,[43] jubelt das *Kölner Tageblatt.* Und die *Sozialistische Republik* urteilt, dieser „kämpferische Europäer“ sei im „Innersten“ so zart wie ein im Sand spielendes Kind.[44]

Auch der *Kölner Stadt-Anzeiger* gesteht Tucholsky Klugheit und Empfindsamkeit zu, was „beinahe komisch“ anmute, „wenn es nicht so verflucht traurig wäre“, denn das Wort sei letztlich eine schwache Waffe und werde wenig ausrichten, „während der Starke wortlos durch die Tat die Welt verändert“.[45]

Am nächsten Morgen verlässt der Schriftsteller Köln in Richtung Berlin, wo seine Lesereise mit einer großen Matinee endet, an der Prominente wie Friedrich Hollaender, Rosa Valetti, Ernst Busch und Henri Barbusse teilnehmen.[46]

Tucholsky zeigt sich zufrieden: „Die Tournee war gut, überall bummvoll“,[47] schreibt er am 31. März 1929 an Mary, mit der er trotz der Trennung engen Briefkontakt pflegt – um anschließend mit seiner Geliebten Lisa Matthias nach Schweden zu fahren. Tucholsky wohnt dort von April bis Oktober im Haus Fjälltorp in Läggesta in der Nähe von Schloss Gripsholm.[48]

So sieht er aus!

Wenn man von Pressekanaillen spricht, so darf man einen Namen nicht unerwähnt lassen. Freilich weiß man kaum, wie man ihn eigentlich nennen soll, denn der nun bald Vierzigjährige hat gar so viele Na-

men. Bald erscheint er als brüllender Theobald Tiger, bald als geschmeidiger Peter Panther, bald ganz schlicht als Ignaz Wrobel. In Wirklichkeit heißt der alles Deutsche in den Dreck ziehende Judenjunge

Kurt Tucholsky

und hat gerade in letzter Zeit allerlei von sich reden gemacht. Er ist nicht nur Journalist, sondern er beschmiert auch Papier, das zu Büchern zusammengebunden wird. Das neueste seiner Exkremente betitelt er frech „Deutschland, Deutschland über alles." Darin arbeitet er so verschwenderisch mit Schmutz und Unflat, wie es nur ein Schwein versteht, das im Dreck zu Hause ist. Die Feder sträubt sich, in diesen Sumpf zu tauchen. So sei zur Kennzeichnung nur erwähnt, daß er unter anderem eine Reihe Abbildungen deutscher Heerführer im Weltkriege bringt mit der Unterschrift: „Tiere schauen Dich an." Bitte, lieber Leser, betrachte Dir das nebenstehende Bild und wisse: ein Judenschwein schaut Dich an. Paßt es zu dieser Visage nicht, daß der Kerl kürzlich die Freilassung des separatistischen Landesverräters Matthes verlangte, mit den schuftigen Worten, besser die Rheinprovinz gehe verloren, als daß das Recht (was ein Jude so „Recht" nennt) leide?

*

In einem Teil unserer letzten Auflage war durch ein technisches Versehen in dieser Rubrik im Fettdruck der Name Wohlfahrtsminister Hilferding statt Hirtsiefer hervorgehoben, was unsere Leser wohl auf Grund des begleitenden Textes selbst schon richtiggestellt haben.

Antisemitische Karikatur Tucholskys von Hans Schweitzer (Mjölnir) im nationalsozialistischen Hetzartikel „So sieht er aus!"

Zweites Zwischenspiel

Schweden – Mosel – Berlin

März 1929 bis November 1929

In Läggesta arbeitet Tucholsky, wie mit dem kommunistischen Verleger Willi Münzenberg in Berlin vereinbart, an dem Buch *Deutschland, Deutschland über alles.* Der Schriftsteller soll zu Fotos und Fotomontagen von John Heartfield Texte zusammentragen oder neu verfassen. Mit dem Bildmaterial aus der *Arbeiter-Illustrierte-Zeitung* macht er sich auf den Weg nach Schweden. Das Buch erscheint Anfang August 1929 und ist schon nach wenigen Tagen ausverkauft, Münzenberg muss nachdrucken.[1]

Die darin enthaltene radikale Anklage gegen Nationalismus, Militarismus und die herrschende Klasse erntet starke Kritik – von rechts ohnehin, aber auch aus dem linksliberalen Spektrum. Dem Journalisten und Kritiker Herbert Ihering antwortet Tucholsky ausführlich, er halte „gut die Hälfte" seiner Vorwürfe „für diskutierbar". Die politisch notwendige Radikalität verteidigt der Autor aber.[2] Der Börsenverein der Deutschen Buchhändler versucht, das Buch zu boykottieren. Besonders Heartfields Fotomontage aus Bildern deutscher Offiziere und Honoratioren mit dem Titel *Tiere sehen dich an* erregt die Gemüter.[3] Im Sommer 1933 wird Tucholsky zugeben, dass er diese von Heartfield stammende Bildunterschrift „nie so formuliert"[4] hätte, das ganze Werk sei „als künstlerische Leistung zu klobig. Und schwach." Aber auch „viel zu milde".[5]

Nach dem Erscheinen des Buchs kommt Lisa, die Tucholsky während seiner Arbeit daran allein gelassen hatte und nach Lugano gefahren war, wieder nach Läggesta, reist mit ihm durch

Westschweden und kehrt dann nach Berlin zurück.[6] Gegenüber Mary verbirgt Tucholsky seine Affäre weiterhin und schreibt ihr aus Schweden: „Hierorts nichts Neues. Ich arbeite so vor mich hin [...] Bis zum Herbst bleibe ich hier, dann vielleicht mit Kallchen und Jakopp an die Mosel [...] Im Oktober vier oder fünf Wochen Berlin; dann Tournée."[7]

Tatsächlich unternimmt Kurt Tucholsky mit Erich Danehl und Hans Fritsch im Oktober die angekündigte Moselreise von Trier nach Koblenz und säuft sich mit ihnen „langsam den Fluss hinab"[8]. Dann fährt er nach Berlin zu Lisa Matthias. Doch auf den wunderbaren Sommer in Schweden folgt Ernüchterung: Hier sei es unerträglich mit ihm, schreibt Lisa, die krankhaft eifersüchtig ist und nicht erträgt, dass sich Tucholsky in Berlin auch mit Mary trifft und ihr eine Wohnung in der Berliner Künstlerkolonie in der Laubenheimer Straße besorgt.[9]

Das Jahr 1929 ist eine „Art Scheitelpunkt im Leben Kurt Tucholskys"[10]. Er ist in ganz Deutschland (und darüber hinaus) eine prominente Persönlichkeit, wird gefeiert, aber auch zunehmend angefeindet, nicht zuletzt wegen seiner zwischenzeitlichen, wenngleich zögerlichen Annäherung an die KPD und seines Buchs *Deutschland, Deutschland über alles.*[11] Die kommunistische Kölner Zeitung *Sozialistische Republik* preist das Buch ganzseitig mit Fotos und Textauszügen an.[12]

Die NS-Presse hingegen tobt und veröffentlicht Anfang September 1929 unter dem Titel „So sieht er aus!" einen Hetzartikel gegen das „Judenschwein" Tucholsky, illustriert mit antisemitischen Karikaturen.[13] Die Spatzen würden vom Dach pfeifen, so der *Völkische Beobachter*, „daß man das Nationale in Deutschland besudeln kann, wie man gerade will", um dann mit der indirekten Morddrohung fortzufahren: „Das muß aber endlich einmal aufhören. Nicht die Spatzen zum Schweigen bringen, sondern den Lästerer."[14]

Dementsprechend beurteilt Tucholsky die politischen Zustände und die Zukunftsaussichten zunehmend düster. Er sieht kaum noch Hoffnungen auf internationale Verständigung durch den Völkerbund. Wenige Tage vor dem New Yorker Börsenkrach, der eine gewaltige Weltwirtschaftskrise auslösen wird, schreibt er im Oktober 1929: Europa böte den „fürchterlichen Anblick eines ernsthaften Irrenhauses“[15].

Nicht nur die Politik bereitet ihm Kopfzerbrechen, sondern auch ein sich verschlimmerndes Stirnhöhlenleiden, gegen das alle Kuren nicht helfen. Gepeinigt von seiner Krankheit und zerrissen zwischen Schweden und Deutschland, zwischen seinen Liebesbeziehungen und den politischen Fronten unternimmt er schließlich seine angekündigte „Tournée“.

Mary hatte ihn zuvor eindringlich gewarnt. Er solle sich bei öffentlichen Auftritten in Acht nehmen, die Empörung über das Deutschlandbuch sei selbst bei Freunden sehr groß, erst recht beim politischen Gegner. Sie sorge sich um ihn und befürchte ernsthafte Konsequenzen.[16]

Am 16. November 1929 zieht Tucholsky aus Lisas Berliner Wohnung aus, um die große Lesereise anzutreten. In einigen Orten wird er über Frankreich oder die geplante Strafrechtsreform sprechen, in den meisten Städten aber aus eigenen Schriften lesen. Vorgesehen sind Auftritte in Frankfurt, Mannheim, Wiesbaden, Darmstadt, Mainz, Dresden, Leipzig, Breslau und abschließend in Hamburg. Die erste Station ist Köln.[17]

Das Haus der Kölner Lesegesellschaft in der Langgasse

Vierter Akt

Justiz und Sittlichkeit

In der Lesegesellschaft in der Langgasse, 18. November 1929

Die Veranstaltung findet erneut im großen Saal der Kölner Lesegesellschaft statt. Diesmal wird Kurt Tucholsky über „Justiz und Sittlichkeit" sprechen. Veranstalter ist, wie bereits im März, die Westdeutsche Konzertdirektion Köln.[1]

Lediglich drei bürgerliche Zeitungen berichten über den Vortrag: der *Kölner Stadt-Anzeiger* sowie die *Kölnische Volkszeitung* und der *Kölner Lokal-Anzeiger*.[2] Dies hat Gründe: Zum einen ist Tucholsky nicht der einzige Literat, der in diesen Tagen in Köln zu Gast ist. Man fiebert vielmehr der Lesung einer noch größeren Zelebrität entgegen: Am 29. November soll der „jüngste Nobelpreisträger" Thomas Mann ebenfalls im großen Saal der Lesegesellschaft auftreten.[3]

Zum anderen haben einen Tag vor Tucholskys Auftritt Wahlen zum preußischen Provinziallandtag und Kommunalwahlen stattgefunden. Sie sind in der Presse das alles beherrschende Thema. Gewinner ist die katholische Zentrumspartei – in der Rheinprovinz mit leichten Verlusten, in Köln aber, wie auch die SPD, mit Stimmenzuwachs. Der New Yorker Börsenkrach wenige Wochen zuvor und die Wirtschaftskrise, die den Aufstieg der Nationalsozialisten einläuten wird, sind noch kaum spürbar. Nur auf der Seite der extremen Rechten zeichnet sich eine Tendenz ab: Zwar verliert die DNVP mehr als die Hälfte ihrer Mandate, doch können die Nationalsozialisten ihre Sitze im Stadtrat von zwei auf vier verdoppeln.[4] Doch die Ratsmehrheit bleibt vorerst stabil,

Oberbürgermeister Konrad Adenauer kann weiter regieren. Noch fruchtet die Werbung des *Kölner Lokal-Anzeigers,* die ihn als anerkannten „Verwaltungsmann, um den ganz Deutschland Köln beneidet", denkmalgleich darstellt, wie er den kläffenden Angriffen Hitlers trotzt, der als „kleiner sozialistischer Gernegross" karikiert ist.[5]

Am Tag nach der Wahl soll sich Tucholsky in Köln präsentieren, dessen Gedichte und Chansons auch auf den Kabarettbühnen der Stadt präsent sind: Zwei Wochen zuvor trug der Schauspieler Wolf Beneckendorff (pikanterweise zugleich Neffe und Adoptivsohn des Reichspräsidenten) das zur Desertation auffordernde „Gebet nach dem Schlachten" im Kunstverein vor.[6]

Doch an jenem 18. November ist Tucholsky in anderer Mission unterwegs. Der scharfzüngige Publizist hat nämlich Jura studiert und widmet sich „eingedenk einstiger Studien der Rechtswissenschaft und eines wohlerworbenen Doktorats der Rechte" somit „als Jurist wie als Schriftsteller" den „Fragen der Strafrechtsreform".[7]

Denn im Herbst 1929 wird heftig über eine geplante Reform des Sexualstrafrechts diskutiert – im Reichstag wie in der Presse.[8] Es geht um die Strafbarkeit von Abtreibung, Ehebruch, Kuppelei, Prostitution und Homosexualität. Noch gelten überkommene Bestimmungen aus dem Kaiserreich: Bei Abtreibungen droht eine Zuchthausstrafe. Frauen müssen Schwangerschaftsabbrüche illegal im Verborgenen unter haarsträubenden hygienischen Bedingungen vornehmen lassen. Dies betrifft vor allem Arbeiterinnen und sozial schwache Frauen. Die Kenntnisse über Empfängnisverhütung sind rudimentär; erst 1931 wird es in Köln eine Beratungsstelle geben.[9] Eine Abschaffung des Paragrafen 218 ist nicht in Sicht – allein die KPD fordert dies. Lediglich eine Verringerung des Strafmaßes und eine Fristenlösung werden erwogen.[10] Sex auch unter erwachsenen Schwulen wird immer noch mit Gefängnis bestraft. Einen Monat vor dem Vortrag Tucholskys plädierte ein Reichstagsausschuss mit knapper Mehrheit dafür, die Strafbarkeit der einvernehmlichen Sexualität unter Schwulen und somit den berüchtigten Paragrafen 175 abzuschaffen. Der Vorschlag schafft es aber nicht ins Parlament.[11]

Als Tucholsky in Köln auftritt, sieht es dagegen noch ganz danach aus, „als werde nun doch eine Gesetzgebung vorbereitet, die ein bißchen mehr Respekt beweise vor Erfahrungstatsachen aus den Bereichen der Soziologie, Psychologie, Verhaltensforschung und auch der Lehre von den neueren Praktiken des Gesellschaftslebens"[12], so Hans Mayer, der auch an diesem Abend wieder im Publikum sitzt.

Man darf also gespannt sein, was der Jurist und Schriftsteller dazu sagen wird. „Dicht gefüllt" ist der Saal der noblen Lesegesellschaft.[13] „In der Bürgergesellschaft behandelte man den Vortrag dieses ungewöhnlichen Referenten nicht anders als das Auftreten eines Streichquartetts"[14], notierte Mayer später. Seiner Beschreibung lässt sich entnehmen, dass Tucholsky dieser Situation auf erfrischend unkonventionelle Weise begegnet: „Damals gab es noch ein Klingelzeichen vor dem Beginn, wie im Theater." Um 20 Uhr ist es so weit: „Das Klingelzeichen ertönte, eine Tür zum Nebenraum öffnete sich, heraus kam raschen Schrittes ein mittelgroßer, untersetzter Mann (Tucholsky war keineswegs dick: es lag ein wenig Koketterie darin, wenn er sich gern als dicken Dichter zu präsentieren liebte), es gab ein Treppchen zur Bühne, das schritt er hinauf, dem Vortragspult entgegen, aber schon kurz nach Betreten des Saales, noch vor der ersten Treppenstufe, hatte er bereits zu sprechen begonnen."[15] Am Rednerpult geht sein Vortrag dann weiter. „Keine Anrede mit Damen und Herren und verehrten Anwesenden. Es war so – will man es mit einer modernen Rundfunksendung vergleichen –, als werde plötzlich das Mikrophon eingeschaltet."[16] Es sei der „Vortrag eines großartigen Redners“ gewesen: „Hin- und herwandernd auf der Bühne bot uns dieser Mann – Rhetor und Jurist – präzise Tatsachen, gute logische Schlüsse, soziales Pathos ...“ Dagegen sei das, was er „als eigentliches Referat“ geboten habe, „nicht einmal sehr bemerkenswert“ gewesen, so Mayer.[17] Auf die Ausführungen Tucholskys geht er gar nicht erst ein, denn diese kenne man schließlich aus dessen Schriften und justizkritischen Beiträgen in der *Weltbühne*.[18]

Der Kölner Presse können wir jedoch entnehmen, dass Tucholsky in seiner Rede, von der es keine schriftliche Fassung gibt, die Justiz und ihre „Verhältnisse zur Sittlichkeit“ und die Arbeiten des Strafrechtsausschusses zum Thema macht.[19]

Über das Strafrecht gegen Schwule urteilt er, die „Aufhebung des Paragraphen 175 sei nur formal“, denn man schaffe zwar einen Tatbestand ab, führe aber stattdessen acht neue Tatbestände ein, die die „Unzucht zwischen Männern unter Strafe stelle“. Die von diesen Regelungen Betroffenen „hätten in aller Öffentlichkeit keine Stimme, um ihr Recht geltend zu machen“. Mit realistischem Blick auf die damalige Lebenswirklichkeit der Schwulen stellt Tucholsky fest, das Gesetz „öffne der Erpressung in weitestem Umfang Tür und Tor und treffe nur die, die kein Geld hätten, um sich genügend zu wappnen“.[20] „Der Normale“ habe „zweifellos [...] gegenüber dem Homosexuellen eine instinktive Abneigung“, erläutert Tucholsky beim gleichen Vortrag wenig später in Mainz. Man habe „jedoch kein Recht, den anderen zu verurteilen, nur weil er anders“ sei – ebenso gut könne man „jeden Rothaarigen aus instinktiver Abneigung ungehört ins Zuchthaus stecken.“ Dabei sei es doch so, dass jeder, „der sich für das Recht der Homosexuellen einsetze, zum eigenen Schutze sofort vorbringen müsse: ‚meine eigenen 8 Kinder beweisen, daß ich selbst nicht ...‘“.[21] Das Einzige, was durch das Strafrecht geschützt werden müsse, seien Minderjährige und der freie Wille.[22]

Auch Tucholskys Urteil über den Paragrafen 218 basiert auf einer realistischen Einschätzung der sozialen Wirklichkeit: Der „Abtreibungsparagraph" ist in seinen Augen „eine Kulturschande".[23] Dieser Ansicht sind auch die Kommunisten und ihnen nahestehende Schauspielerinnen und Schauspieler, die den Kampf für die Abschaffung des „Schandparagraphen" in Köln auf die Bühne tragen.[24] Tucholsky beurteilt das differenzierter. Er ist dafür, die Abtreibung „an sich" weiterhin zu verbieten, sie jedoch zuzulassen, „wenn ein Arzt sie nach bestimmten Gesichtspunkten für notwendig erachtet".[25] Angesichts zahlreicher illegaler, nicht professionell durchgeführter Schwangerschaftsabbrüche, an denen damals alljährlich 5000 vor allem ärmere Frauen starben und 50 000 anschließend unter den Folgen litten, erhebt er die medizinisch und sozial einzig richtige Forderung, dass diese Eingriffe „nur von Ärzten ausgeführt werden" dürfen.[26]

Es sei erschütternd, so Tucholsky später in Mainz, „wie der Staat 9 Monate lang mit Staatsanwälten, Strafrichtern und Zuchthäusern das kommende Leben zwinge, zum sogenannten Lichte dieser Welt zu kommen". Wie aber dieser Staat „dann nicht mehr zu Hause sei, wenn unter seinem Zwang der kleine Erdenbürger zur Welt" kommt. Der Tuberkulose, der Armut und dem Verbrechen liefere der Staat das Neugeborene aus – „ohne sich darum zu kümmern, daß *er* es war, der diese Geburt erzwungen hat."[27]

Zum Straftatbestand der „Kuppelei" bemerkt Tucholsky, der „Kuppler werde bestraft für eine Tat, die an sich heute nicht mehr strafbar sei". Er bezeichnet es als „schweinisch", den „außerehelichen Geschlechtsverkehr unzüchtig zu nennen".[28] Grundsätzlich könne „nur der bestraft werden, der einer strafbaren Handlung Vorschub leiste". Außerehelicher Geschlechtsverkehr sei aber „keine strafbare Handlung"[29].

Ehebruch sei kein Vergehen gegen Staat und Moral – diese beiden Begriffe hätten so wenig miteinander zu tun wie „Beethoven und Stachelbeerkompott". Der Straftatbestand des Ehebruchs führe lediglich „zur Förderung und Hochblüte des Erpressungsunwesens".[30]

Was Tucholsky am meisten erzürnt, ist der moralische Sammelbegriff der „Unzucht", der all diesen Reformdebatten zugrunde liegt. Der „sittliche Fundus in einem Volk" sei doch „stark genug, um sich gegen alles Unsittliche zu wehren, dazu brauche man kein Gesetz".[31] Es kränkt ihn, dass dieses Wort „Unzucht" nicht „ausgemerzt wurde im neuen Strafrecht"[32]. Die heutige Staatsmoral sei offiziell immer noch eine christliche Moral, die „Anmaßung der Kirche, ihre Sittlichkeit wie eine Käseglocke über das Volk zu stülpen", lehnt er grundsätzlich ab.[33]

Kein Wunder, dass die katholische und bürgerliche Presse Kölns den Auftritt Tucholskys in der Lesegesellschaft einhellig kritisiert. Ihr Urteil ist vernichtend. Jemandem, der derartig radikal die moralische Autorität der Kirche verdamme, könne man seine beiläufig geäußerten „treuherzigen Verneigungen vor der philosophischen Bedeutung katholischer Weltanschauung" nicht abnehmen, schreibt die katholische *Kölnische Volkszeitung:* Dies seien nur „Biedermannsmanöver hinter dem Revoluzzer-Chapeauclaque"[34]. Tucholsky gebe ausschließlich die „Sittengesetze des Romanischen Cafés" zum Besten, heißt es in Anspielung auf einen beliebten Treffpunkt der Berliner Intellektuellen. So etwas könne wohl „in der ‚Weltbühne' jederzeit zur Debatte stehen", sei aber als ernsthafter Vortrag „armselig" und nichts weiter als eine „snobistische Abendunterhaltung".[35]

Der bürgerliche *Kölner Stadt-Anzeiger* moniert, Tucholsky habe sich über den „ganzen Richterstand" lustig gemacht und diesen diffamiert „indem er den Richter als einen Beamten hinstellte, der [...] seine Urteile immer nur von dem Gesichtspunkt aus fälle, dass er, der Richter, ja so ein Verbrechen gar nicht begehe".[36] Solche „scholastisch verbildeten Richter" würden, so

Tucholsky, das Strafrecht als eine „Art Sexualverfolgung" sehen, wie eine „Art Hexenhammer".[37]

Dabei beruft sich Tucholsky auf Schriften und Erkenntnisse von Sigmund Freud, Kurt Hiller und Magnus Hirschfeld.[38] Hirschfeld mit seinem Wissenschaftlich-humanitären Komitee und seinem Berliner Institut für Sexualwissenschaft ist damals ein bekannter Streiter für eine umfassende Sexualaufklärung und für die Abschaffung des Paragrafen 175. Als Wissenschaftler hält er in ganz Deutschland und im Ausland Vorträge. In Köln lehnt die Stadtverwaltung jedoch von 1927 bis 1930 alle Anfragen, ob Hirschfeld zu Themen der Strafrechtsreform im Gürzenich sprechen darf, rigoros ab – obwohl der Veranstalter, die Westdeutsche Konzertdirektion, erklärt, dass „es sich um einen ernsthaften Wissenschaftler handele, dessen Vorträgen in keiner deutschen Stadt bis jetzt Schwierigkeiten in den Weg gestellt worden sind"[39]. Nur eine Woche nach Tucholskys Auftritt erscheint im liberalen *Kölner Tageblatt* ein ausführlicher Leitartikel über den Sexualwissenschaftler.[40] Die *Kölnische Volkszeitung* dagegen hat für Hirschfeld und Hiller nur bitteren Spott übrig: Deren Erkenntnisse, die Tucholsky „forsch" anführe, seien ebenso wie die von Freud nur „dünne Pülverchen".[41]

Tucholsky bleibt seinen Überzeugungen treu. 1932 wird er sogar den ihm verhassten SA-Chef Ernst Röhm gegen linke Kritik an dessen Homosexualität in Schutz nehmen: „Wir bekämpfen den schändlichen Paragraphen Hundertundfünfundsiebzig, wo wir nur können; also dürfen wir auch nicht in den Chor jener miteinstimmen, die einen Mann deshalb ächten wollen, weil er homosexuell ist."[42]

Tucholskys Auftritt im November 1929 wird von der Kölner Presse in Bausch und Bogen verrissen. Sein Vortrag sei voller „destruktiver Tendenzen", bemerkt der *Kölner Lokal-Anzeiger,* giftig ereifere er sich gegen alles, was ihm nicht passe. „Vorschläge zur Besserung“ habe er dagegen „in keinem einzigen Falle gemacht“[43] – eine nachweislich falsche Unterstellung, wie Tucholskys Äußerungen zu den Paragrafen 175 und 218 belegen. Genüsslich wird hingegen die Kritik von Herbert Ihering zitiert, die dieser gegen Tucholskys Buch *Deutschland, Deutschland über alles* ins Feld führte: Ihering habe recht, wenn er sage, Tucholsky werfe sich mit seinen „Guerilla-Vorstößen“ zu Unrecht zum „Zeitprediger, zum dröhnenden Kanzelredner auf“.[44]

Das eigentliche Vergehen Tucholskys besteht nach übereinstimmender Meinung der Kölner Presse darin, dass er sich als Satiriker eines gesellschaftspolitischen und juristischen Themas annimmt. Seine Kritik sei „nur erträglich, wenn sie in der lustigen Form sich gibt“, erklärt der *Kölner Lokal-Anzeiger,* „sobald sie aber ernsthaft auftritt“, offenbare sie seine „destruktiven Tendenzen“. Er sei „immer nur niederreißend“, seine Ausführungen „ätzend, zerstörend, einseitig“.[45]

Und der *Kölner Stadt-Anzeiger* unterstellt dem Schriftsteller, er wolle nur „den Beifall des Volkes entgegennehmen“. Damit aber haue „er gründlich daneben, ja mußte daneben hauen. Denn er hält nicht etwa einen sachlichen [...] Vortrag, sondern redet ein polemisch und satirisch überspitztes Feuilleton, das den Andersdenkenden keineswegs wehe tut und der Sache gar nicht dient.“[46] Es wäre, so das Fazit, „besser gewesen, Tucholsky wäre bei seinen Feuilletons geblieben!“[47].

Das Publikum war nach Ansicht der *Kölnischen Volkszeitung* nur „um der Rosinen willen gekommen“, habe sich aber ansonsten den „altbackenen Kuchen“ geschenkt und „nur bei den Glossen“ die Ohren gespitzt.[48] „Der Beifall war herzlich“, heißt es an anderer Stelle – während Hans Mayer in seinen Erinnerungen sogar „Großer Beifall“ verzeichnet.[49]

Und wie reagierte der von der *Kölnischen Volkszeitung* bissig so bezeichnete „gar ergötzliche und philiströse Verein der Weltbühnenleser Sitz Köln"[50] auf den Vortrag? Immerhin wurden diese in der *Weltbühne* mit einer neuen Bücherstube am Hohenzollernring 17 eigens umworben und stellen „ein Hauptkontingent" des Publikums.[51] Hans Mayer erinnerte sich: „Hinterher waren wir mit ihm zusammen. Die Vereinigung der Weltbühnen-Leser, soweit es sie überhaupt noch gab, saß vor dem Herausgeber des Blättchens". Das Treffen ist nur kurz, denn der Autor wird bei den Veranstaltern im Dom-Hotel erwartet, wo er logiert. Hinzu kommt, dass ihn die inneren Streitigkeiten der Kölner Weltbühnenleser langweilen. „Er war auch müde nach dem Vortrag, hatte sich als Redner wahrhaft ausgegeben".[52]

Die erste Station ist geschafft. Tucholsky kann sich im Dom-Hotel ausruhen – aber nur für eine Nacht, denn am nächsten Tag geht es weiter nach Frankfurt am Main. In Köln gab es keine Zwischenfälle oder Ausschreitungen, ja noch nicht einmal Störungen des Vortrags – ansonsten hätten die ihm keineswegs wohlgesonnenen Journalisten das wohl erwähnt. Merkwürdigerweise schweigt sich die Kölner NS-Presse, der *Westdeutsche Beobachter,* über die Veranstaltung vollkommen aus.

Das soll sich gründlich ändern. In Frankfurt ruft ein Besucher, vom Typus her ein Offizier, mitten in den Vortrag: „Das ist ja eine Taktlosigkeit!", worauf Tucholsky in den Saal zurückdonnert: „Wir haben Sie während des Krieges lange reden lassen. Jetzt reden wir!"[53] In einigen Städten der Lesereise werden zum Schutz vor Übergriffen vorsorglich Polizisten in den Veranstaltungsräumen eingesetzt.[54]

So auch in Wiesbaden. Hier forderte die NS-Presse nämlich schon im Vorfeld „Massen-Protestaktionen" gegen Tucholskys Auftritt. Er liest dort auf Einladung der Literarischen Gesellschaft am 23. November aus eigenen Werken. Es kommt zu heftigen Krawallen, als er sein Gedicht *Der Graben* vorträgt. Bei den Zeilen „Seid nicht stolz auf Orden und Geklunker! Seid nicht stolz auf Narben und die Zeit! In die Gräben schickten euch die Junker, Staatswahn und der Fabrikantenneid" grölen im Publikum anwesende Nationalsozialisten. Sie werden von der Polizei entfernt, damit, so die NS-Zeitung *Nassauer Beobachter* hämisch, „der Jude weitere Jauchekübel ausleeren" könne.[55] Andere Zuhörer und Zuhörerinnen, die ebenfalls den Saal verlassen, treffen auf der Straße Hunderte SA-Männer, die „Schweinehund!" skandieren.[56] Nach dem Vortrag setzen sie die Krawalle fort, zerren einen Besucher, den sie für Tucholsky halten, aus einem Auto und schlagen auf ihn ein.[57]

Wenige Tage nach der Veranstaltung bittet der Schriftsteller das Opfer, den Arzt Dr. Walter B. Meyer, um Verzeihung: „Mir ist dieser Vorfall deshalb so unangenehm, weil ich gern meine Taten allein ausbade – ich hatte im Künstlerzimmer noch zu tun, und als ich herauskam, stand die ganze Straße auf dem Kopf. Mich haben sie nicht erwischt ... es gilt ja in jenen Kreisen als tapfer, einen Sieg zu feiern, wenn die Partie 200:1 steht."[58] Meyer bedankt sich bei Tucholsky: Die Prügel seien weniger schmerzhaft gewesen als die deprimierende Erkenntnis, dass so etwas in Deutschland möglich sei.[59]

Als die SA-Männer erfahren, dass sie nicht Tucholsky, sondern Meyer zusammengeschlagen haben, empfinden sie auch das noch als Genugtuung – schließlich sei Meyer, „der Empfänger der Prügel ja auch Jude", zudem „ärgerlicherweise" auch noch in den Vorstand der Literarischen Gesellschaft gewählt worden.[60] So feiert die NS-Presse ihren Triumph über Tucholsky, den „widerlichsten Deutschhetzer und Landesverräter". Und ruft unverhohlen dazu auf, „sich die Leute zu merken, die durch den Besuch des Vortrages diesem Juden ihre Sympathie ausdrücken"[61].

Das eigentlich Bemerkenswerte an dem Wiesbadener Gewaltexzess ist, dass die bürgerliche Presse schweigt – oder sich sogar dem Urteil der Nationalsozialisten anschließt. Die sozialdemokratische *Wiesbadener Volksstimme* spricht über die Ausschreitungen nur in einer kleinlauten Notiz am Rande.[62] Das liberale *Wiesbadener Tagblatt* vermerkt, die Tumulte seien vorhersehbar gewesen, der aggressive Tucholsky lasse nur seine Meinung gelten, die Schuld daran trage „zum Teil“ er selbst.[63] Die *Neue Wiesbadener* Zeitung macht sich gar zum Sprachrohr einer „Reichsgemeinschaft junger Volksparteiler“, die von „landfremden Elementen“ reden, zu denen Tucholsky gehöre. Er habe folglich kein Recht, „über Dinge zu urteilen, die nur einem Deutschen verständlich sind“, und denen die Polizei auch noch Schutz gewähre.[64] Ausgerechnet die katholische *Rheinische Volkszeitung* tönt im gleichen Jargon wie die NS-Presse: Sie begrüßt den Auszug „der gesund empfindenden Zuhörer“ aus dem Saal, Tucholsky sei ein „Psychopath“, die Beschimpfung durch die SA-Männer als „Schweinehund“ beleidige diese Tiere sogar noch: „Tucholsky ist etwas, was weder unter Menschen noch unter Viecher gehört, Tucholsky ist Unkraut.“[65]

Der Vorsitzende der gastgebenden Literarischen Gesellschaft in Wiesbaden, Hans Olden, der ebenfalls Jude ist, gerät unter Beschuss, versucht sich zu rechtfertigen und leistet Abbitte. Seine Entschuldigung, die von der *Weltbühne* nicht ganz zu Unrecht als „wimmerndes Inserat“ bezeichnet wird, nützt ihm nichts – Ende Dezember muss er zurücktreten.[66] Zwei Tage nach der Wiesbadener Veranstaltung leitet die Staatsanwaltschaft gegen Tucholsky ein Verfahren wegen seines vermeintlich allzu provokativen Vortrags ein, das aber am 28. Dezember eingestellt wird.[67]

Die Lesereise geht über Darmstadt weiter nach Mainz, dann nach Dresden. Von dort informiert Tucholsky Mary über das Wiesbadener Debakel: Man habe „Steine auf das Auto geschmissen und einen Mann verhauen, der so aussah wie ich, und die Polizei hat die Leute verhauen. [...] Die andern Vorträge verliefen wie bisher friedlich, wie gehabt.“ Um dann resignierend zu bemerken: „Aber man meeg das nicht mehr. Näxten Montag ist es Gottseidank alle."[68]

Das Dresdner Presseecho ist verheerend. Tucholsky sei ein Drückeberger und Vaterlandsverräter.[69] Er geifere „gegen alles Deutsche" und „den deutschen Soldaten", es sei nicht zu verstehen, dass „sich ein deutsches Publikum derartiges gefallen läßt".[70] In Leipzig gibt es eine positive Notiz, in Breslau dagegen ist das Urteil gespalten, man kritisiert den Autor für „Entgleisungen schlimmster Art".[71]

Die letzte Station der Lesereise ist am 2. Dezember Hamburg. Vor der Veranstaltung beruhigt Tucholsky die besorgte Mary: „Na – so schlimm war es gar nicht. Wirklich übel war nur Wiesbaden; und wenn heute abend nichts passiert, dann war es alles halb so schlimm. Hier sind aber keine Wahlen gewesen wie sonst überall ... Ich glaube, daß es hier einigermaßen abgehen wird."[72] Am Abend im Curiohaus liest Tucholsky aus eigenen Werken, unter anderem seinen *Nachruf auf Zille,* das Gedicht *Mutterns Hände* und ein Kapitel aus dem *Pyrenäenbuch.* Im Saal ist es unruhig, es kommt zu Störungen: Zwischenrufe und Trillerpfeifen ertönen, das Licht wird ausgeschaltet, eine Stinkbombe fliegt.[73] Danach ereifert man sich in der Presse – ganz wie zuvor in Wiesbaden – nicht gegen die Störer, sondern gegen den Veranstalter, die Hamburger Kunstgesellschaft, die dem „elenden jüdischen Literatentum" ein Podium geboten habe.[74]

Mit der Lesereise verschärft sich die Debatte über den rein bürgerlichen Charakter der Veranstaltungen, weil sich die teuren Eintrittskarten nur Wohlhabende leisten können. Bei Tucholskys Lesung in Köln kostete die günstigste Karte 1,50 Mark, die besseren Plätze 2,50, 3,50 oder gar 4,50.[75] Die *Kölnische Volkszeitung* bemerkt daher nicht ohne Häme, dass „der hohe Eintrittspreis [...] diesem Volksfreund überall die Garantie" dafür biete, dass das gutbürgerliche Publikum unter sich bleibe und er somit „tüchtig Eulen nach Athen tragen“ könne.[76] Die Vortragsreisen sind jedoch für Tucholsky eine ebenso wichtige Einnahmequelle wie seine Lesungen im Rundfunk, wo man ihm die Tantiemen jahrelang vorenthält.[77]

Kritik an den Eintrittspreisen erfolgt sowohl aus dem rechten wie aus dem linken politischen Spektrum. Der konservative Publizist Wilhelm Stapel greift Tucholskys vermeintliche Geldgier 1929 mit unüberhörbar antisemitischen Tönen an.[78] Tucholsky entgegnet mit der Frage, ob er es etwa „für eine Schande“ halte, „daß ein geistiger Arbeiter von seiner Arbeit lebt“.[79]

Eine kommunistische Zeitschrift wirft Tucholsky vor, er habe seinen teuer bezahlten Vortrag in Breslau allzu moderat vorgetragen, in der Pause habe sogar eine Modenschau stattgefunden.[80] Der Autor wehrt sich: Von einer Modenschau wisse er nichts, und er habe sein Programm, „das in Wiesbaden einen großen Krach hervorgerufen hat“, in Breslau nicht gemildert, sondern sogar verschärft.[81]

Beeindruckender ist der Brief, den Tucholsky vom Hamburger Arbeiter Ernst Schnitgerhans bekommt, der schreibt, er müsse für sich und seine Braut, „die ebenfalls ohne Arbeit war [...] für die billigen Plätze (à 1.50 RM) 3 RM bezahlen. Für mich damals viel Geld.“ Im Publikum saßen daher – in Hamburg wie in Köln – kaum Arbeiter, dafür aber die Elite der Besserverdienenden. „Warum sprechen Sie in einem so teuren Saal?“, fragt Schnitgerhans den Schriftsteller. „Warum nicht im Haus der Gewerkschaften oder in einem Saal, der den Massen für billiges Eintrittsgeld offensteht? [...] die Massen müssen da sein, nicht die wenigen Intellektuellen, für die es eine Neuheit, eine Art Erholung und ein Auch-dabei-gewesen-Sein ist, Sie zu hören.“[82]

Tucholsky, der monatlich etwa 2.500 Mark verdient – so viel wie ein Arbeiter im ganzen Jahr – ist desillusioniert.[83] In einem Brief an Mary merkt er selbstkritisch an, „seine Ernüchterung“

beziehe sich nur „auf die Bürgerschaft – vor Arbeitern habe ich nicht gesprochen. Das ist dann vielleicht anders."[84] Und er zieht eine negative Bilanz der gesamten Lesereise, sieht in diesen Auftritten keinen Sinn mehr: „Im übrigen: für *wen* ich das eigentlich mache ... das weiß ich nach dieser Reise weniger als je. Es ist trostlos."[85]

Seit seinem ersten Auftritt in Köln im September 1928 hat sich die politische Atmosphäre nachhaltig vergiftet. Am Ende seiner großen Lesereise, die im November 1929 in Köln ihren Anfang nahm, ist die Gesellschaft polarisiert. Aufregung, blanker Hass, sogar Gewalt bestimmen die Tagesordnung. Die Nationalsozialisten beherrschen zunehmend den Diskurs, das liberale Bildungsbürgertum wehrt sich kaum noch, und die bürgerliche veröffentlichte Meinung reagiert kleinlaut, schweigt oder stimmt der Empörung der Rechtsextremen sogar zu.

Kurt Tucholsky zieht die Konsequenzen. Von Hamburg reist er nach Lugano, um dort mit Lisa Matthias bis Ende Januar 1930 zu bleiben. Dann zieht er mit ihr nach Schweden und lässt sich endgültig in Hindås nieder.[86]

Letztes Zwischenspiel

Der Weg in die Diktatur

Der Rest der Geschichte von 1930 bis 1933 ist bekannt und ließe sich rasch erzählen: Wirtschaftskrise und Arbeitslosigkeit, Kampf der politischen Extreme gegen die Republik, Aufstieg der Nationalsozialisten. Zu schildern wäre, wie man Hitler im Januar 1933 zum Reichskanzler machte und wie in nur wenigen Monaten aus den letzten Resten der Demokratie eine Diktatur wurde: Reichstagsbrand, Ermächtigungsgesetz, Gleichschaltung, Konzentrationslager, Boykott gegen Juden, Bücherverbrennung, Ausbürgerung unliebsamer Intellektueller und politischer Gegner. Die Liste ließe sich fortsetzen.

In Köln bleiben die Verhältnisse in den Jahren 1930 und 1931 trotz Wirtschaftskrise relativ stabil. Und im politischen Kabarett bringt man auch unseren Autor noch auf die Bühne, so zum Beispiel im März 1930 im Kabarett Kolibri. Auch wenn es dort „mit der Begeisterung für [...] Tucholsky" natürlich „noch nicht getan" sei, sprechen die Schauspieler bei der Eröffnung seine Verse „mit prägnanter, ätzender Verve".[1] Im August 1931 gibt Trude Hesterberg bei einem gefeierten Auftritt im neu gestalteten Kaiserhof-Palast „robust und deutsch Tucholskys übermütiges Lied vom Trommler und mit ganz überlegenem Witz" zum Besten.[2] Noch spendet man Beifall.

Das Feuilleton geht unterdes vornehm auf Distanz. Tucholskys *Schloß Gripsholm,* jene nur scheinbar leichtfüßige Liebesgeschichte aus dem sommerlichen Schweden, ist 1931 einer seiner letzten großen Erfolge. Die *Kölnische Zeitung* bemerkt bösartig, das Buch gehöre zu den „liebenswürdige[n] Nichtigkeiten", die man im Sommer „als Ablenkung [...] gern gekauft" habe.[3]

Bücherverbrennung am 17. Mai 1933 vor dem Kölner Universitätsgebäude in der Claudiusstraße

Der Wind dreht sich. Bereits im April 1929 tönt der Gauführer von Rheinland-Süd, Robert Ley, im *Westdeutschen Beobachter* in aller Offenheit heraus, welche radikale Lösung die Nationalsozialisten gegen das vermeintliche „Versagen dieses Systems", der parlamentarischen Demokratie, anstreben: „Wir wollen die Diktatur!"[4]

Und so kommt es auch: In der Kölner Villa des Bankiers Kurt Freiherr von Schröder verabredet Anfang Januar 1933 Franz von Papen mit Adolf Hitler dessen Machtübernahme, die am 30. Januar erfolgt. Oberbürgermeister Konrad Adenauer bleibt widerspenstig: Am 17. Februar weigert er sich, Hitler zu empfangen, der als Wahlkämpfer nach Köln kommt, und lässt die Hakenkreuzfahnen auf der Deutzer Brücke abhängen. Nach dem Reichstagsbrand beginnt auch in Köln der Terror gegen KPD und SPD. Wilhelm Sollmann wird gefoltert und entkommt im Mai ins Saarland.[5] Die Reichstagswahl am 5. März bringt der NSDAP in Köln nur 33,1 Prozent, auch bei den Kommunalwahlen am 12. März erreicht die Partei mit 39,6 Prozent nicht die absolute Mehrheit. Am nächsten Tag wehen dennoch Hakenkreuzfahnen auf dem Rathaus. Gauleiter Josef Grohé erklärt Adenauer für abgesetzt und proklamiert seinen Parteigenossen Günter Riesen zum neuen Oberbürgermeister. Adenauer, noch Präsident des Preußischen Staatsrats, hat Köln bereits verlassen und protestiert – natürlich vergeblich – in Berlin bei Innenminister Hermann Göring. Er wird beurlaubt, im Juli wegen „nationaler Unzuverlässigkeit" entlassen und flüchtet sich hinter die Klostermauern von Maria Laach.[6]

Am 1. April 1933 inszeniert Propagandaminister Joseph Goebbels reichsweit einen Boykott jüdischer Geschäfte, Warenhäuser, Banken, Arztpraxen und Rechtsanwaltskanzleien, flankiert von aufmarschierender SA und Gewalttaten. In der *Kölnischen Zeitung* erscheint dazu am 5. April 1933 ein ausführlicher Leitartikel.

Die Zeitung, einst Sprachrohr der politischen Mitte, lotet damit offenbar den Spielraum aus, in dem Kritik gerade noch möglich ist: Zwar sei der „Boykott der jüdischen Geschäfte in Deutschland nicht zu durchkreuzen", aber man dürfe auch nicht „die Gesamtheit der Juden" verurteilen.[7]

Gegen „gewisse jüdische Intellektuelle" allerdings, die sich mit „Greuelhetze" und „Verächtlichmachung der nationalen Kräfte" hervortun, müsse man unnachgiebig vorgehen. Es sei absolut geboten, „jene üblen Erscheinungen aus dem öffentlichen Leben Deutschlands auszumerzen, die eine gewisse Entartung der jüdischen Intelligenz hervorgebracht" hätten. Ernst Toller und Kurt Tucholsky werden namentlich genannt. Diese und ihre „Gefolgschaft, die alles und jedes, was dem vaterländischen Sinn heilig war, mit dem scharfen Gift ihres zersetzenden Geistes bedacht hatten", gelte es, energisch zu bekämpfen, sodass „volksfremde literarische und politische Cliquen [...] niemals wieder ihr Unwesen treiben."[8]

Zum Schluss wünscht sich die *Kölnische Zeitung* eine „gesetzliche Lösung der Judenfrage im Sinne objektiver Gerechtigkeit", dabei sollten aber „ausländische Kreise" wissen, dass bei der Lösung dieser „Judenfrage" das Ausland zu schweigen und „kein Fremder mitzureden" habe.[9] Vernichtung der intellektuellen jüdischen Gegner also, aber gleichzeitig einheitliche gesetzliche Regelungen für die Mehrheit der jüdischen Mitbürgerinnen und Mitbürger. Dazu sollte es kommen – wenn auch nicht so, wie die *Kölnische Zeitung* es wohl meinte. Denn die von ihr geforderten „objektiven Gesetze" werden zum Massenmord an den deutschen und europäischen Juden führen.

Das Vorgehen gegen Juden und gegen Intellektuelle wie Tucholsky ist 1933 nur der Anfang. Es folgen am 10. Mai deutschlandweit Bücherverbrennungen, in Berlin begleitet von der an die beiden Herausgeber der *Weltbühne* gerichteten Parole: „Gegen

Frechheit und Anmaßung, für Achtung und Ehrfurcht vor dem unsterblichen deutschen Volksgeist! Verschlinge, Flamme, auch die Schriften von Tucholsky und Ossietzky!"[10] Auch in Köln wird zwei Tage zuvor eine „gründliche Säuberung der Volksleihbüchereien" angemahnt, aus denen unter anderem die Werke von Tucholsky verbannt werden.[11] Der Börsenverein der Deutschen Buchhändler lässt verlauten, dass Bücher bestimmter Autoren „für das deutsche Ansehen als schädigend zu erachten sind", darunter die von Lion Feuchtwanger, Alfred Kerr, Egon Erwin Kisch, Heinrich Mann, Erich Maria Remarque, Arnold Zweig sowie die Schriften von „Kurt Tucholsky (alias Theobald Tiger – Peter Panter – Ignaz Wrobel – Kaspar Hauser)". Man erwarte auch in Köln, dass „der Buchhandel die Werke dieser Schriftsteller nicht weiter verbreitet".[12]

Was nun noch fehlt, ist die Ausbürgerung und das Einkassieren des Vermögens derjenigen Autorinnen und Autoren, die noch rechtzeitig ins Ausland flüchten konnten. Die *Kölnische Zeitung* weiß, wer dazu gehören soll: an erster Stelle nämlich „Literaten wie Tucholsky, die sechs Decknamen gleichzeitig führten, um – schon seit zwei Jahren vom sicheren Ausland aus – ihren ‚Geist' über Deutschland ausschütten zu können". Sein „Recht, sich Deutscher nennen zu dürfen, war schon längst verdorrt", so die Zeitung, ebenso wie das des Theaterkritikers Alfred Kerr und des SPD-Politikers Philipp Scheidemann.[13] Am 25. August 1933 wird Tucholsky zusammen mit 32 weiteren Regimegegnern die Staatsbürgerschaft aberkannt.[14]

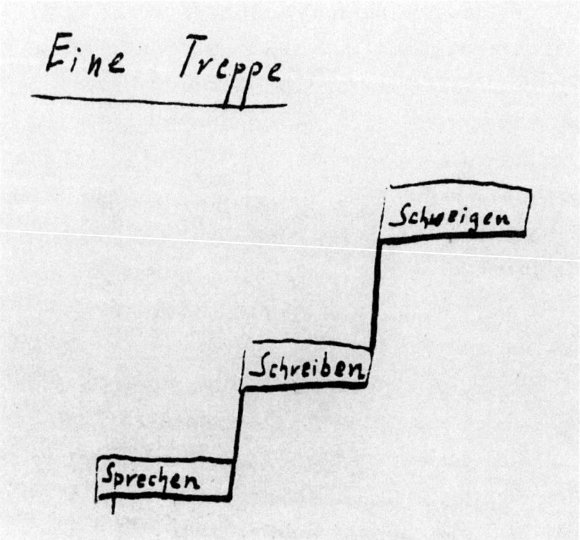

Tucholskys letzter Eintrag in seinem „Sudelbuch“, 1935

Endspiel

Schicksale

Der Rundfunkintendant

Was wurde aus dem WERAG-Intendanten Ernst Hardt, der 1928 noch mutig für Tucholsky eintrat? Dies sollte für ihn später bittere Konsequenzen haben. Ab 1930 hetzt das Kölner NSDAP-Blatt *Westdeutscher Beobachter* gegen ihn: Er sei der „rote Zar des Westdeutschen Rundfunks", ein „Günstling der Mischpoke Kölns", jüdisch unterlaufen der Sender, bolschewistisch das Programm, korrupt die Mitarbeiter.[1]

Im Jahr 1932 nehmen die Angriffe zu. Auf den unverhohlen antisemitischen Vorwurf, drei Jahre zuvor zum „Tag des Buches" den „Juden" Tucholsky engagiert zu haben, antwortet Hardt: Er „würde als Deutscher rein arischen Bluts dennoch niemals Bedenken tragen, in einem deutschen Zeppelin zu fahren, obwohl Graf Zeppelin dem österreichischen Juden Schwarz zur Erbauung dieses Luftschiffes einen Teil der Konstruktionspläne abgekauft" habe. Auch trüge er „keine Scheu, dem deutschen Rundfunk zu dienen, obwohl diese Erfindung doch im wesentlichen auf den deutschen Juden Herz" zurückginge. Am „großen Ruhm der deutschen Wissenschaft" würde er gerne teilhaben, „obwohl dieser Ruhm dem Genie des deutschen Juden Einstein zu verdanken" sei. Seine Kinder würde er bei Diphterie „geruhig mit dem Serum der mischblütigen Exzellenz von Behring impfen lassen", und er gestehe offen, „daß ich mich nicht ängstigen würde, mich mit dem von dem deutschen Juden Ehrlich entdeckten Salvarsan behandeln zu lassen ..." Am „Tag des Buches" würde er „sogar aus Luthers Bibelübersetzung vorlesen" lassen, „obwohl diese doch ein rein jüdisches Buch propagiere". Kurz: Er sei „der Meinung, daß in Dingen des Geistes und der Seele der Mensch alles und die Rasse nichts bedeute."[2]

Das saß. Nach der Machtübernahme der Nationalsozialisten in Köln wird Ernst Hardt am 25. März 1933 beurlaubt und erhält im Sender Hausverbot. Am 24. April kündigt man ihm mit der Begründung, der Westdeutsche Rundfunk sei „vor der Machtergreifung eine Stätte undeutschen Geistes und volksfremder Kunst" gewesen, wofür Hardt die Verantwortung trage. Er wird angeklagt, sogar kurzzeitig inhaftiert, und nimmt Zuflucht im St. Anna-Hospital in Köln-Lindenthal.[3] Jahrelang wird er gegen das Regime prozessieren, bis er schließlich eine Abfindung erhält.

Nach dem Krieg nimmt er wieder Verbindungen zum Rundfunk auf, die Übernahme einer Intendanz aber scheitert an seiner Krebserkrankung, der er am 3. Januar 1947 im Alter von 70 Jahren im schwäbischen Ichenhausen erliegt.[4]

Der Buchhändler

Paul Wolfsohn ist der engagierte Buchhändler, der 1928 die erste Lesung Tucholskys im Kunstverein organisierte. Geboren wurde er 1881 im Kreis Czarnikau in Posen, 1915 heiratete er Anna Walter. Die Ehe blieb kinderlos. In den 1920er-Jahren führte er in Köln seine Buchhandlung, die noch 1936 am Habsburgerring 24 bestand. Das Ehepaar Wolfsohn wohnte in Klettenberg in der Lohrbergstraße 14.[5]

Ende der 1930er-Jahre gerät Paul Wolfsohn zunehmend in Bedrängnis. Er entscheidet sich, mit seiner nichtjüdischen Ehefrau unterzutauchen. Im Versteck erleidet er einen Schlaganfall, doch gelingt es dem Paar, dem NS-Terror zu entgehen. Als die US-Armee Köln im März 1945 befreit, befindet sich Wolfsohn als Patient im Jüdischen Altenheim in der Blankenheimer Straße 55.[6] Über sein weiteres Schicksal und das seiner Frau erfahren wir leider nichts.

Der Warner

Der Kaufmann Erich Leyens warnte Tucholsky nach dessen Kölner Auftritt im September 1928 vor dem kriegerischen Revanchegeist im Rheinland. In seiner Heimatstadt Wesel wendet er sich als deutscher Jude und Weltkriegsteilnehmer am 1. April 1933 mutig gegen den unter dem Motto „Deutsche, kauft nicht bei Juden!" inszenierten Boykott. Vor den Augen der SA stellt er sich in seiner ordensgeschmückten Uniform aus dem Ersten Weltkrieg vor sein Textilgeschäft. Und er protestiert mit einem selbst gedruckten Flugblatt, das ihm seine Kunden aus der Hand reißen und in der Stadt weiterverbreiten. Die Weseler Presse, noch nicht vollständig gleichgeschaltet, äußert Zustimmung. Noch hat Leyens die Hoffnung, dass alles gut geht.[7]

Doch 1934 verwüstet die SA seinen Laden, und der mit ihm befreundete Polizeichef sagt, er könne nichts gegen diese Ausschreitungen unternehmen. Leyens wird wegen provokativen Benehmens „in Schutzhaft" genommen und kurzfristig in einem KZ interniert. Danach muss er sein Geschäft zu einem Spottpreis verkaufen und verlegt seinen Wohnsitz nach Italien.

Als er 1937 Wesel ein letztes Mal besucht, wird er behandelt wie ein Geächteter, den niemand mehr kennen will. In der Stadt wohnen noch seine Mutter und seine Schwester, in Düsseldorf im Schutz einer „Mischehe" sein Bruder Walter. Als dieser beim Novemberpogrom 1938 der Mutter zur Hilfe eilt, wird er in das Konzentrationslager Dachau verschleppt. Leyens Mutter flieht in die Niederlande zu ihrer anderen Tochter. Von dort aus werden im Krieg alle Familienmitglieder nach Auschwitz deportiert und ermordet.[8]

Erich Leyens hat sich mittlerweile aus Italien über die Schweiz nach Kuba gerettet und erreicht 1941 die USA, wo er das Bürgerrecht erwirbt und sich mit kümmerlichen Jobs über Wasser hält. Nach und nach bringt er es zu einigem Wohlstand und veröffentlicht 1990 in New York seine Erinnerungen an das NS-Regime.[9] Die Winter verbringt er in Florida, die Sommer in Konstanz am Bodensee. Hier stirbt er am 1. Oktober 2001 im Alter von 103 Jahren.[10]

Der Augenzeuge

Hans Mayer, Spross einer großbürgerlichen jüdischen Kölner Familie, war noch Student, als er bei Tucholskys Auftritten 1928 und 1929 im Publikum saß. 1930 wird er an der Kölner Universität zum Dr. jur. promoviert. Er schließt sich erst der SPD, dann der linkssozialistischen Arbeiterpartei an.[11]

Im Jahr 1933 erhält der jüdische, homosexuelle und den Kommunisten nahestehende Mayer Berufsverbot und flieht erst nach Straßburg, 1934 dann nach Genf, wo er für Max Horkheimer arbeitet. 1937 steht er in Paris in engem Austausch mit französischen Soziologen und Walter Benjamin und zieht danach in die Schweiz, wo er kurzzeitig interniert wird. Hier erfährt er 1938, dass ihm das NS-Regime die deutsche Staatsbürgerschaft entzogen hat.[12]

Nach Kriegsende wird Mayer, unterstützt von der US-Militärregierung, Kulturredakteur der Deutschen Nachrichtenagentur, später Chefredakteur von Radio Frankfurt. 1948 siedelt er mit seinem Freund Stephan Hermlin in die Sowjetische Besatzungszone über und wird Professor für Literaturwissenschaft in Leipzig. Er ist in Ost- und Westdeutschland aktiv, steht in Kontakt mit Bertolt Brecht und mit der Gruppe 47. Nach einem Besuch in Tübingen kehrt er 1963 aus politischen Gründen nicht mehr in die DDR zurück. Er wird in der Bundesrepublik Deutschland einer der einflussreichsten Literaturkritiker, mit einem Lehrstuhl in Hannover und Auftritten in Rundfunk und Fernsehen.[13] Als Honorarprofessor stirbt Hans Mayer im Alter von 94 Jahren am 19. Mai 2001 in Tübingen.

Der Freund

Tucholskys treuer Freund „Karlchen", Erich Danehl, begleitete ihn auf seiner Reise nach Köln im September 1928, er besuchte ihn 1929 in Paris und unternahm mit ihm und Hans Fritsch im Oktober 1929 die Moselreise, bevor Tucholsky nach Köln zu seiner letzten Lesereise aufbrach. Kurz danach, im November 1929, wird Danehl zunächst kommissarisch, 1930 dann auch regulär Polizeipräsident in Gleiwitz. Der Sozialdemokrat und Regimegegner ist zunehmend Anfeindungen der NS-Presse ausgesetzt – dennoch beruft man ihn im Oktober 1932 zum Polizeipräsidenten in Harburg-Wilhelmsburg.[14]

Im Februar 1933 wird er vom NS-Regime beurlaubt und 1934 in den Ruhestand versetzt. Er muss sich nun durch kaufmännische Tätigkeiten über Wasser halten. Tucholsky will mit niemandem etwas zu tun haben, der sich in irgendeiner Weise in Deutschland mit den Nationalsozialisten arrangiert. 1934 schreibt er an den Schriftsteller Walter Hasenclever: „Wüßte ich, daß mein Freund Karlchen, der letzten einer, mit denen ich noch etwas zu schaffen habe, mitmachte [...]" – um dann aufatmend hinzuzufügen: „Er macht übrigens nicht mit."[15] Tucholsky wird Danehl auch in seinem Testament bedenken.[16]

Nach Tätigkeiten in Hannover, Wuppertal und Leipzig siedelt Danehl 1938 nach Berlin über, wo er als Steuerberater arbeitet. Hier findet er Anschluss an die Robinsohn-Strassmann-Gruppe, in der sich bis zu 60 Regimegegner zusammenschließen, um den NS-Terror zu bekämpfen. Danehl, seit 1941 in Wien tätig, arbeitet auch mit einer Widerstandsgruppe um den Leipziger Oberbürgermeister Carl Friedrich Goerdeler und mit dem Kreisauer Kreis zusammen und bekommt über Hans von Dohnanyi Kontakt zum militärischen Widerstand.[17]

Nach Kriegsende 1945 wird er Landrat in der französischen Zone in Überlingen, dann in Northeim in Niedersachsen. Von 1946 bis 1952 ist er Staatssekretär im niedersächsischen Innenministerium, 1952 erhält er das Große Verdienstkreuz der Bundesrepublik Deutschland. Erich Danehl stirbt am 23. Dezember 1954 im Alter von 67 Jahren.[18]

Die Geliebte

Im Januar 1930 zieht Tucholsky mit Lisa Matthias nach Hindås, um dort das neue Haus, die Villa Nedsjölund, einzurichten, die Möbel sind inzwischen aus Paris angekommen.[19] Im März ist Lisa wieder in Hindås, im September Tucholsky bei ihr in Berlin. In der Beziehung kriselt es, Lisa beginnt eine Liaison mit einem Ullstein-Redakteur.[20]

Die Weihnachtstage 1930 verbringt sie wieder bei Tucholsky in Schweden. Er schreibt gerade an seinem Buch *Schloß Gripsholm,* jener Geschichte über eine Ménage-à-trois im sommerlichen Schweden. Als Lisa das Manuskript liest, ist sie entsetzt, weil sie sich in einer Romanfigur wiedererkennt und zu Unrecht karikiert sieht.[21] Schon der Titel seines im Jahr zuvor erschienenen Buchs *Das Lächeln der Mona Lisa* konnte auf sie bezogen werden. Und nun will Tucholsky ihr auch noch *Schloß Gripsholm* widmen! Lisa sträubt sich, denn dann „würde unser Verhältnis – dieses nun schon halb verkümmerte Verhältnis – aller Welt offenbar". Deshalb schlägt sie ihm vor, „meine Autonummer zu erwähnen"[22]. So stellt Tucholsky seinem Buch als Widmung an Lisa Matthias deren Wagennummer voran, die Eingeweihten allerdings bekannt ist: „Für IA 47407"[23].

Lisa verlässt ihn im Februar 1931, trifft ihn aber noch einmal im April bei der Beerdigung von Hans Fritsch, Tucholskys geliebtem Freund „Jakopp". Sie bleibt weiterhin krankhaft eifersüchtig und verlangt mehr, als er zu geben bereit ist. Ihre Wege trennen sich für immer.[24]

1933 sieht sich Lisa Matthias in Deutschland gefährdet – denn sie ist Jüdin, freie Autorin der *Weltbühne,* und, wie jedermann weiß, Tucholskys ehemalige Geliebte. Sie flieht im April nach Schweden. Hier baut sie sich, völlig unabhängig von Tucholsky, eine zweite Existenz auf. Sie gründet den Bibliophilen Verlag, der sich auf Übersetzungen französischer und deutscher Klassiker ins Schwedische spezialisiert, die dort erschienene Übersetzung von Georg Büchners *Woyzeck* wird ein großer Erfolg. 1934 wird ihre Tochter Sonja Thomassen in Schweden eingebürgert, 1938 kommt ihr Sohn bei einem Verkehrsunfall ums Leben.

Im Jahr 1962 veröffentlicht Lisa Matthias in Hamburg ihre Autobiografie, die sich, wie der flotte Titel *Ich war Tucholskys Lottchen* verrät, in weiten Teilen ihrer Liaison mit dem berühmten Schriftsteller widmet. Ihre Erinnerungen werden im deutschen Feuilleton kritisiert. Auch ehemalige Weggefährten Tucholskys bemängeln, Lisa Matthias habe unqualifizierte und teils falsche Urteile über dessen politische Einstellung und Arbeitsweise abgegeben. Der Schriftsteller Gerhard Zwerenz urteilt, es gebe in ihrem Buch zwar Informationen, „die sich nirgendwoanders finden", doch seien diese unter „einem Gestrüpp von Verdrehungen verborgen"[25]. Tatsächlich finden sich in der Autobiografie Ungereimtheiten und zweifelhafte Quellenangaben.[26] 1982 stirbt Lisa Matthias im Alter von 88 Jahren im schwedischen Ängelholm.[27]

Die Ehefrau

Mary ahnte, dass Lisa Matthias nicht Tucholskys einzige Liebhaberin war. Der „Erotomane"[28] hatte viele Affären, teils sogar gleichzeitig. In Läggesta bändelt er mit Gertrude Meyer an, einer jungen Schwedin, die ihm in dem fremden Land hilft und bald seine Geliebte wird. 1932 lernt er Hedwig Müller kennen, bei der er fast ein Jahr lang in Zürich wohnt.[29]

Doch Mary war die große Liebe seines Lebens. Früh schon hatte Tucholsky die Deutschbaltin umworben, die er während des Ersten Weltkriegs kennengelernt hatte. Bereits während seiner ersten Ehe mit Else Weil hielten beide den Briefkontakt aufrecht. 1924 ließ sich Tucholsky scheiden und heiratete Mary Gerold. Doch sobald sich angebetete Frauen ihm zu sehr nähern, macht Tucholsky dicht. Der Versuch eines gemeinsamen Lebens in Paris scheitert 1928 krachend. Mary zieht zurück nach Berlin. Erst im August 1933 lässt sich Tucholsky von Mary scheiden, um sie als Trägerin seines Namens vor dem NS-Regime zu schützen – gerade noch rechtzeitig, zwei Tage vor seiner Ausbürgerung.[30]

In Berlin arbeitet Mary in einer Kartenfabrik, wo sie zur Prokuristin aufsteigt. 1940 flieht sie in die Niederlande. Als die Wehrmacht nur eine Woche später das Land besetzt, muss sie nach Berlin zurückkehren. Dort wird sie 1943 ausgebombt. Beim Luftangriff ist sie im Keller der Firma, in der sie arbeitet, 20 Stunden lang verschüttet.

Nach dem Krieg übernimmt sie das Berliner Büro des Rowohlt-Verlags und widmet sich dem Andenken ihres einstigen Ehemanns. Sie gibt erste Sammelbände seiner Schriften heraus, 1954 nimmt sie auch seinen Namen wieder an. In Rottach-Egern baut sie das Kurt-Tucholsky-Archiv auf, das sie 1969 dem Deutschen Literaturarchiv Marbach übergibt. Die Briefe Tucholskys an sie werden dank ihrer „Disziplin und Noblesse“[31] 1982 vollständig veröffentlicht. Dazu gehört auch der bewegende letzte Brief, den der Schriftsteller kurz vor seinem Tod 1935 an Mary richtet, die er als Erbin in seinem Testament einsetzt. Er habe, bekennt er angesichts seiner zahlreichen Liebschaften, mit ihr „einen Goldklumpen in der Hand gehabt“, sich aber stattdessen „nach Rechenpfennigen gebückt“, er habe „Dummheiten gemacht“, habe „zwar nicht verraten, aber betrogen, und [...] nicht verstanden.“[32] Mary Gerold-Tucholsky stirbt 1987 in Kreuth.[33]

Die Lesereise als „Knacks meines Lebens“

Bereits 1923 zog Tucholsky ein ernüchterndes Fazit angesichts der ausbleibenden Konsequenzen seines Engagements: „Ich habe Erfolg. Aber ich habe keinerlei Wirkung.“[34] Darauf kommt er 1931 zurück, nach den kurzen Blütejahren der Weimarer Kultur und angesichts ihres sich abzeichnenden Untergangs. Es erscheine ihm alles „so entsetzlich wirkungslos; da schreibt man und arbeitet man – und was ereignet sich nun realiter in der Verwaltung? [...] Gehen die Sadisten? Werden die Bürokraten entlassen? Das bedrückt mich mitunter.“[35]

Ähnlich sah dies der *Kölner Stadt-Anzeiger* anlässlich seines Auftritts in der Domstadt im März 1929: „Denkt man aber einmal über die Wirkung all dieser geistvollen, polemischen Bemühungen nach, so könnte man traurig werden.“ Denn ausschließlich

Tucholskys Anhänger spendeten Beifall. Seine Gegner indes „dürfen beruhigt schlafen gehen", denn er verkörpere – Witz, Bravour und Verstand hin oder her – „doch nur Literatur". Man amüsiere sich, man fühle sich von ihm unterhalten und habe „für ein paar Stunden wieder Stoff für eine literarische Kaffeeklatschunterhaltung". Wie der große Spötter Bernhard Shaw sei Tucholsky dazu verdammt, „ein Lieblingsthema für literarische Snobs zu werden".[36] In der kommunistischen Kölner Presse wird der Autor „musischer Träumer" und „funkelnder Plauderer" genannt – eine äußerst zwiespältige Charakterisierung.[37] Nach seinem Vortrag in Köln im November 1929 notierte Hans Mayer kurz und bündig: „Großer Beifall, im übrigen hatte sich nichts verändert." Und dies sei dem pessimistischen Aufklärer Tucholsky schmerzlich bewusst gewesen.[38]

Seit 1928 verdüstert sich Tucholskys Grundstimmung angesichts der politischen Lage, wozu auch seine Krankheit beiträgt. Mary gesteht er: „Ich bin sehr alt geworden, in diesem Jahr, und es ist eine böse Krise. Hätte ich meine Routine nicht, sähe das böse aus. In Wahrheit ist gar nichts mehr in mir drin, und ich will in ein Kloster und meine Ruhe."[39] Doch anstatt ins Kloster zu gehen, ist er pausenlos zwischen Paris, Berlin, Lugano und Schweden unterwegs und unternimmt bis Ende 1929 noch ausgedehnte Lesereisen durch ganz Deutschland, deren Ergebnis er Mary als „trostlos"[40] schildert.

Eine vage Hoffnung verbindet er kurzzeitig mit dem Marxismus. 1929 schreibt er für den kommunistischen Verleger Willi Münzenberg das Buch *Deutschland, Deutschland über alles,* für das ihm viel Hass entgegenschlägt. Doch Tucholsky unterwirft sich nie einer Glaubenslehre. Schon im Jahr darauf erfolgt seine öffentliche Abkehr in der *Weltbühne.* Es sei „an der Zeit, den Unentwegten mitzuteilen, daß man den Marxismus nicht wie eine Käseglocke über die Welt stülpen kann. Er deckt sie nicht.

Ihr habt aus ihm eine dogmatische Religion gemacht. Wir machen das nicht mit."[41] Ende 1933, als die Nationalsozialisten in Deutschland fest im Sattel sitzen, rechnet er in einem Brief an seine Freundin Hedwig Müller mit dem politischen Versagen der KPD und der Unzulänglichkeit ihrer Ideologie ab. Marx habe „mit seiner Lehre unendlich mehr Unheil als Heil angerichtet". Die Anhänger dieser Lehre, „seine Jünger", seien „hochmütig, sie haben es alles schriftlich, und natürlich ist das Bockmist".[42] Der Marxismus als politische Alternative zum Faschismus und als positive Zukunftsvision hat für ihn endgültig ausgedient. Hedwig Müller gesteht er später: „Es ist so armselig. Wer einmal marxistisch denken gelernt hat, der kann überhaupt nicht mehr denken und ist verdorben."[43]

Immer wieder versuchen ehemalige Weggenossen, die sich vor dem NS-Terror ins Ausland gerettet haben, Tucholsky für eine Mitwirkung an oppositionellen Exilpublikationen zu gewinnen. Auch dies lehnt er ab, weil er bezweifelt, dass die Gesamtheit der Deutschen von einer kleinen Herrscherclique unterdrückt wird. Er ist hellsichtig genug, die nüchterne Wahrheit zu erkennen: „Gegen einen Ozean pfeift man nicht an."[44] Die allermeisten Deutschen seien nämlich für diese Diktatur: „Man kann für eine Majorität kämpfen, die von einer tyrannischen Minorität unterdrückt wird. Man kann aber nicht einem Volk das Gegenteil von dem predigen, was es in seiner Mehrheit will (auch die Juden). Viele sind nur gegen die Methoden Hitlers, nicht gegen den Kern seiner ‚Lehre'", schreibt er an Walter Hasenclever im April 1933.

Wenn es „die Opposition nicht von innen her geschafft hat, so werden wir es nie schaffen, wenn in Paris ein paar Käsblätter erscheinen. Ich werde das nicht mitmachen."[45] „Zum Donner", ereifert er sich noch kurz vor seinem Tod über die Intellektuellen im Exil, „die Deutschen wollen euch nicht! Sie merken es nicht.“[46] Deutschland sei eine Diktatur, und die meisten Deutschen würden dies offenbar begrüßen.

Zu dieser traurigen Erkenntnis kam Tucholsky bereits 1929 – auf eben jener Lesereise, die in Köln begann und in Hamburg endete: „Ich weiß es seit 1929 – da habe ich eine Vortragsreise gemacht und ‚unsere Leute‘ von Angesicht zu Angesicht gesehen, vor dem Podium, Gegner und Anhänger, und da habe ich es begriffen, und von da ab bin ich immer stiller geworden.“[47]

Zunächst ist er nur enttäuscht, weil keine jungen Menschen aus anderen politischen Lagern den Weg zu ihm finden. Das stimmt ihn ebenso nachdenklich wie die Angriffe gegen ihn und sein Publikum.[48] In diese Kerbe schlägt auch die *Kölnische Volkszeitung* im November 1929. Tucholsky plaudere immer zu denselben Kreisen, er sei „der niemals avancierende Konferenzier seines Weltanschauungsvarietés.“ Und nun auch noch seine „große Gastspielreise“ durch viele deutsche Städte: „Wie langweilig und niederschmetternd muß es sein, mit diesem Dutzend Operettenpointen vor diese nie wechselnden Bekanntengesichter hinzutreten.“[49]

Auf der einen Seite hasserfüllte, gewaltbereite Gegner von rechts – auf der anderen ein beinahe hermetisch abgeschlossenes bürgerliches Milieu von liberalen Anhängern. Das ist die traurige Bilanz seiner öffentlichen Auftritte im Jahr 1929.

Diese Erfahrung mit seinem Publikum ist zugleich der entscheidende Einschnitt im Leben des hellsichtigen Publizisten. 1935 schreibt er rückblickend: „Ich habe mal vor 6 Jahren, als ich den Knacks meines Lebens auf einer Tournee bekommen habe (wegen meinem Popplikom ins Angesicht Schauens), gesagt: Ich kann die großen geöffneten Augen nicht mehr vertragen, die alle zu mir heraufsehen und fragen, fragen: Was sollen wir tun? Ich war kein falscher Prophet – ich war gar keiner. Und dann habe ich ganz geschwiegen.“[50]

Der Schriftsteller Erich Kästner, der bei der Verbrennung seiner eigenen Bücher in Berlin zuschaute, erkannte 1958 im Rückblick, dass die Nationalsozialisten spätestens 1928 hätten bekämpft werden müssen: „Später war es zu spät“.[51] Tucholsky wusste dies bereits, als er 1928 und 1929 seine Lesereisen absolvierte. Für ihn war der Kampf verloren: Man könne den Selbstmord der Demokratie nur noch beschreiben, verhindern wohl nicht mehr.[52]

Kurz danach, im März 1930, zieht er angesichts der drohenden Verhältnisse eine politisch verheerende Bilanz – die Mehrheit der Deutschen werden sich Hitler anschließen: „Sie wollen den Krieg. Mehr: sie wollen die Auslöschung Frankreichs und die Unterjochung Mitteleuropas.“[53] Und genau so kommt es. Und noch weitaus schlimmer – denn die Ermordung von Millionen europäischer Juden ist 1930 noch nicht absehbar.

Im Dezember 1935 schreibt Tucholsky über Deutschland: „Ich habe mit diesem Land, dessen Sprache ich so wenig wie möglich spreche, nichts mehr zu schaffen. Möge es verrecken – möge es Rußland erobern – ich bin damit fertig.“[54] Gleichzeitig findet sich in seinem „Sudelbuch“, dem Notizbuch, in dem er Gedanken und sprachliche Einfälle in loser Folge festhält, als letzter Eintrag eine Skizze. Unter dem Titel „Eine Treppe“ zeichnet er die drei emporsteigenden Stufen ein: „Sprechen – Schreiben – Schweigen“.[55] Schweigen als letzte Konsequenz des Publizisten, der seine Briefe 1933 mit „aufgehörter Deutscher“ und 1935 mit „aufgehörter Schriftsteller“ unterzeichnet?[56]

1937 wird der erwähnte Nationalist Wilhelm Stapel, der Tucholsky aufgrund der Eintrittspreise zu seinen Vorträgen 1929 als geldgierigen Juden diffamierte, selbst einen Vortrag halten. Ausgerechnet über Kurt Tucholsky. Auf einer Tagung über das „Judentum“, die feierlich beschlossen wird mit einer Rede des antisemitischen Hetzers Julius Streicher, worüber die *Kölnische Zeitung* berichtet.[57]

Kurt Tucholsky ist da bereits seit zwei Jahren tot, gestorben an einer Überdosis des Schlafmittels Veronal, die er kurz vor seinem 46. Geburtstag am 21. Dezember 1935 einnahm. Ob aus Unachtsamkeit unter Alkoholeinwirkung oder in der Absicht, seinem Leben ein Ende zu setzen, ist bis heute nicht geklärt.[58]

1

2

3

4

5

1 Der Rundfunkintendant – Ernst Hardt
2 Der Warner – Erich Leyens
3 Der Augenzeuge – Hans Mayer
4 Die Geliebte – Lisa Matthias
5 Die Ehefrau – Mary Gerold

Dank

Der Verfasser dankt für Hilfe und Informationen: Max Plassmann, Thomas Deres, Maryan Yadegari und Björn Raffelsiefer vom Historischen Archiv der Stadt Köln; Birte Klarzyk, Nina Matuszewski und Astrid Sürth vom NS-Dokumentationszentrum der Stadt Köln, Laura-Jane Müller vom Unternehmensarchiv des Westdeutschen Rundfunks, Damian van Melis, Dennis Janzen und Wera Reusch vom Greven Verlag Köln sowie Roland Hüve, Werner Schäfke und Barbara Becker-Jákli und ganz besonders Rüdiger Müller für seine liebevolle Geduld.

Abkürzungen

AA	Abend-Ausgabe
AD	Das andere Deutschland
AIZ	Arbeiter-Illustrierte-Zeitung
Angriff	Der Angriff
BB	Börsenblatt für den deutschen Buchhandel
GZtg	Gummersbacher Zeitung
JR	Jüdische Rundschau
KLA	Kölner Lokal-Anzeiger
KStA	Kölner Stadt-Anzeiger
KTBl	Kölner Tageblatt
KVZ	Kölnische Volkszeitung
KZtg	Kölnische Zeitung
LK	Die Linkskurve
MA	Morgen-Ausgabe
NB	Nassauer Beobachter
RVZtg	Rheinische Volkszeitung
RZtg	Rheinische Zeitung
SR	Sozialistische Republik, Organ der KPD, Bezirk Mittelrhein
VB	Völkischer Beobachter
WB	Westdeutscher Beobachter
WBü	Die Weltbühne

Anmerkungen

Vorspiel

1 Tucholsky an Mary, 7.4.1924, in: BaM, S. 337.
2 Zu Mary Gerold-Tucholsky (1898–1987) vgl. Hepp, S. 129–156 und 430, Anm. 174; Hosfeld, S. 102–113, 155–179, 191–212, 275–277; Fritz J. Raddatz: Einleitung, in: BaM, S. 7–18.
3 Deutschland, S. 228 f.
4 Adenauer befürwortete zwischenzeitlich eine „Rheinische Republik", losgelöst von Preußen, allerdings innerhalb eines Deutschen Bundes, vgl. Lewejohann, S. 76; Müller, Kulturpolitik; Stehkämper.
5 Rheinland; vgl. Haude, S. 233 f.
6 Vgl. Schuh.
7 Matthes, S. 161.
8 Rheinbrücke, S. 97.
9 Schlagzeile; vgl. Seul, S. 92–97.
10 Rheinbrücke, S. 98.
11 Ebda. S. 97 (Hervorhebungen im Original).
12 Ebda.
13 Ebda.
14 Tucholsky an Mary, 25.9.1928, in: BaM, S. 516.
15 Denkmal, S. 22 f.
16 Zu Tucholskys Lesereisen vgl. Bemmann, S. 424–431; Hosfeld, S. 222 f.; Kat. Marbach, S. 456 f. und 642 f.

Erster Akt

1 Vgl. Tucholsky an Mary, 25.9.1928, in: BaM, S. 515 f.; Tucholsky an Mary, 26.9.1928 und 28.9.1928, in: Briefe, Br. 87 und Br. 88.
2 Tucholsky an Mary, 17.8.1928, in: BaM, S. 504.
3 Anzeige von Paul Wolfsohn über die Eröffnung seiner Buchhandlung im Februar 1921, in: BB, Nr. 8, 11.1.1921.
4 Vgl. Walter-Ris, S. 104, 358.
5 Vgl. KStA, Nr. 496, AA, 29.9.1928, 5. Blatt.
6 Anzeigen in: KZtg und KTBl, 25.9.1928.
7 Mayer, Aufklärer, S. 156.
8 Autofahren, S. 136.
9 Mayer, S. 91.
10 Soldenhoff, S. 153. Das Original befindet sich in der Akademie der Künste, Berlin (vgl. ebda., S. 291); vgl. auch Bemmann, S. 428. Die falsche Schreibweise (Tucholski statt Tucholsky) war damals keine Seltenheit; vgl. Müller, Justiz, S. 5, Anm. 12.
11 KStA, Nr. 496, AA, 29.9.1928, 5. Blatt; Mayer, Aufklärer, S. 156.
12 Pyrenäenbuch, S. 134 f.
13 Ebda.
14 Zit. n. Aschkenasy; zur Vortragsreise vgl. Hepp, S. 300–311, 558–560; Hosfeld, S. 206–212; Bemmann, S. 424–431; Burrows, S. 1–13, 111–113, 189–231.
15 Hans Rörig in: KZtg, 21.7.1927.
16 Vgl. Mayer, Aufklärer, S. 156.
17 KLA, 30.9.1928; Mayer, S. 89.
18 KStA, Nr. 496, AA, 29.9.1928, 5. Blatt.
19 Mayer, Aufklärer, S. 156 f.; SR, Köln, 26.3.1929.
20 Tucholsky an Mary, 20.8.1928, in: BaM, S. 505.
21 Mayer, S. 89.
22 Mayer, Aufklärer, S. 156 f.
23 RZtg, Nr. 246, 28.9.1928.
24 KStA, Nr. 496, AA, 29.9.1928, 5. Blatt.
25 KTBl, Nr. 494, MA, 28.9.1928.
26 KStA, Nr.496, AA, 29.9.1928, 5. Blatt.
27 RZtg, Nr. 246, 28.9.1928.
28 KLA, 30.9.1928.
29 KStA, Nr. 496, AA, 29.9.1928, 5. Blatt.
30 Ebda.
31 Ebda.
32 Ebda.
33 KTBl, Nr. 494, MA, 28.9.1928.
34 KLA, 30.9.1928.
35 KStA, Nr. 496, AA, 29.9.1928, 5. Blatt.
36 Ebda.
37 Ebda.
38 Ebda.; vgl. auch KLA, 30.9.1928; KTBl, Nr. 494, MA, 28.9.1928.
39 KTBl, Nr. 494, MA, 28.9.1928, sowie KStA, Nr. 496, AA, 29.9.1928, 5. Blatt.
40 Mayer, S. 89.
41 RZtg, Nr. 246, Fr., 28.9.1928.
42 Aschkenasy (über den gleichen Vortrag, den Tucholsky wenige Monate später in Berlin hält).

43 Ebda.
44 Ebda.
45 KTBl, Nr. 494, MA, 28.9.1928 (Hervorhebungen im Original).
46 RZtg, Nr. 246, 28.9.1928.
47 SR, Köln, 26.3.1929.
48 RZtg, Nr. 246, 28.9.1928.
49 KTBl, Nr. 494, MA, 28.9.1928.
50 KStA, Nr. 496, AA, 29.9.1928, 5. Blatt.
51 KLA, 30.9.1928.
52 Mayer, S. 89.
53 Im Historischen Archiv der Stadt Köln gibt es keine Polizeiakten aus dieser Zeit, sie sind im Zweiten Weltkrieg verbrannt oder sind vernichtet; Mitteilung von Max Plassmann vom 12.11.2021.
54 Zit. n. Bemmann, S. 428; zu Erich Leyens (1898–2001) vgl. Benz, S. 36–43.
55 Vgl. Bemmann, S. 428; Soldenhoff, S. 153.

Erstes Zwischenspiel

1 Tucholsky an Mary, 25.9.1928, in: BaM, S. 516. Zu Erich Danehl (1887–1954) vgl. Sassin, S. 142 f., 373; Bemmann, S. 140 f., 510 f.; Hosfeld, S. 192–195 und 222 f.; Hepp, S. 362 f. und 415 f., Anm. 215; Kat. Marbach, S. 177–179.
2 Vgl. Hepp, S. 558 f.
3 Vgl. Hosfeld, S. 207.
4 Matthias, S. 36. Zu Lisa Matthias (1894–1982) vgl. Quetting, S. 30 f.; Hepp, S. 300–302, 307 f., 358 f.; Hosfeld, S. 182–194, 205–212, 234–238; Bemmann, S. 363–371, 412–414, 462–474; Zwerenz, S. 266.
5 Zit. n. Hepp, Tucholsky, S. 107.
6 Vgl. Hepp, S. 558.
7 Tucholsky an Mary, 26.9.1928, zit. n. Hepp, S. 155.
8 Hepp, S. 155 f. und 430, Anm. 172–174.
9 Vgl. Hepp, Tucholsky, S. 112.
10 Vgl. Hepp, S. 558 f.
11 Vgl. ebda.; Hosfeld, S. 207.

Zweiter Akt

1 Vorankündigungen in: KZtg, 10.3.1929 und 17.3.1929; KStA, Nr. 144, AA, 20.3.1929, 1. Blatt; vgl. KStA, Nr. 138, MA, 17.3.1929, 9. Blatt; KTBl, Nr. 147, AA, 21.3.1929; KTBl, Nr. 151, AA, 23.3.1929.
2 Zu Ernst Hardt (1876–1947) vgl. Karst; Först, S. 574–577; Schulz, Adenauer, S. 31 f., 47, 97 f.; zum Auftritt Tucholskys vgl. Träume, S. 4; Schulze-Reimpell, S. 24.
3 Zit. n. Lämmert, S. 82 f.
4 Vorankündigungen in: KZtg, 10.3.1929 und 17.3.1929, KStA, Nr. 144, AA, 20.3.1929, 1. Blatt.
5 Machen wirs.
6 Mann, S. 425 f.
7 Lämmert, S. 81.
8 Lämmert, S. 82. Die korrekte Schreibweise wäre „Peter Panter“ und „Ignaz Wrobel“.
9 Ebda (Hervorhebung im Original).
10 Ebda.; vgl. auch Bemmann, S. 428; Böhme-Kuby, S. 584.
11 Machen wirs.
12 Vgl. Krumeich, S. 211–216; Thimme.
13 GZtg, 6.4.1929, zit. n. Lämmert, S. 82. Ankündigungen im KStA, Nr. 146, AA, 21.3.1929, 6. Blatt; KZtg, 21.3.1929, und im Magazin DIE WERAG, 4. Jg. (1929), Heft 11, 17.3.1929, S. 6.
14 Lämmert, S. 82 f.
15 GZtg, 6.4.1929, zit. n. Lämmert, S. 82 f.
16 Provinz, S. 72 f.

Dritter Akt

1 Tucholsky an Walter Mehring, Köln, 23.3.1929, in: BA, S. 210 f.
2 Mayer, Aufklärer, S. 155, und Mayer, S. 90.
3 Hepp, S. 558 f.; Burrows, S. 231, Anm. 1–3; Bemmann, S. 424–431.
4 Vorankündigungen in der KZtg, 10.3.1929, und im KStA, Nr. 144, AA, 20.3.1929, 1. Blatt, sowie im KStA, AA, 22.3.1929, 1. Blatt.
5 Vgl. KStA, Nr. 153, AA, 25.3.1929, 4. Blatt; KTBl, Nr. 155, MA, 26.3.1929; SR, Köln, 26.3.1929; Mayer, S. 88 f, Mayer, Aufklärer, S. 156 f.
6 KStA, Nr. 153, AA, 25.3.1929, 4. Blatt.
7 SR, Köln, 26.3.1929.
8 KTBl, Nr. 155, MA, 26.3.1929.
9 KStA, Nr. 153, AA, 25.3.1929, 4. Blatt; KTBl, Nr. 155, MA, 26.3.1929; SR, Köln, 26.3.1929. 5 PS; Mona Lisa.
10 KStA, Nr. 153, AA, 25.3.1929, 4. Blatt; diese Anspielungen finden sich auch im KTBl, Nr. 155, MA, 26.3.1929.
11 SR, Köln, 26.3.1929.
12 Ruf, S. 158.
13 KTBl, Nr. 155, MA, 26.3.1929.
14 Ruf, S. 160.
15 KTBl, Nr. 155, MA, 26.3.1929.
16 Was wäre, S. 316 f.
17 KTBl, Nr. 155, MA, 26.3.1929.
18 Mörder, S. 69 f.
19 Josephine. Der Begriff „Apage“ geht zurück auf Matthäus 4,10: „Da sagte Jesus zu ihm: Weg mit dir, Satan!“, und wurde zur feststehenden Formel zur Bannung einer teuflischen Erscheinung.
20 Vgl. Illies, S. 33–36.
21 Josephine, S. 81.
22 Ebda., S. 81 f.
23 KTBl, Nr. 155, MA, 26.3.1929.
24 Bonzen, S. 351.
25 KTBl, Nr. 155, MA, 26.3.1929.
26 SR, Köln, 26.3.1929.
27 SR, Köln, 26.3.1929.
28 Graben; vgl. Bemmann, Verein, S. 104–106.
29 Graben, S. 571 f.
30 KTBl, Nr. 155, MA, 26.3.1929.
31 SR, Köln, 26.3.1929.
32 Gesang, S. 214.
33 Vgl. Hepp, S. 560.
34 KTBl, Nr. 181, MA, 11.4.1929.
35 WB, 28.4.1929, S. 3.
36 KTBl, Nr. 155, MA, 26.3.1929.
37 Ebda.
38 Löcher, S. 213.
39 KTBl, Nr. 155, MA, 26.3.1929.
40 Wendriner, S. 235; vgl. Aschkenasy.
41 KTBl, Nr. 155, MA, 26.3.1929.
42 Pyrenäenbuch, S. 124 f.
43 KTBl, Nr. 155, MA, 26.3.1929.
44 SR, Köln, 26.3.1929.
45 KStA, Nr. 153, AA, 25.3.1929, 4. Blatt.
46 Vgl. Hepp, S. 559; Hosfeld, S. 212.
47 Tucholsky an Mary, 31.3.1929, in: Briefe, S. 134, vgl. Hosfeld, S. 212.
48 Vgl. Hepp, S. 300–302 und 559–560; Hosfeld, S. 211–219.

Zweites Zwischenspiel

1 Vgl. Hosfeld, S. 212–219; Hepp, S. 300–310 und 558–560.
2 Tucholsky an Herbert Ihering, 18.10.1929, in: BA, S. 222 f.
3 Deutschland, S. 63.
4 Tucholsky an Jakob Wassermann, 1.3.1931, in: BA, S. 253 f.
5 Tucholsky an Walter Hasenclever, 25.7.1933, in: BA, S. 311.
6 Vgl. Hepp, S. 560; Hosfeld, S. 219.
7 Tucholsky an Mary, 16.6.1929, in: BaM, S. 522 f.
8 Zit. n. Hosfeld, S. 222.
9 Vgl. Matthias, S. 185 f.; Hosfeld, S. 222.
10 Hepp, Tucholsky, S. 113.
11 Vgl. Hosfeld, S. 212.
12 SR, Köln, 31.8.1929.
13 Angriff, 3. Jg., Nr. 35, 2.9.1929, S. 2; vgl. Berg, S. 46–51; Berg, Mjölnir.
14 Hermann Schütting: Drückeberger Tucholskys neueste Deutschenbeschimpfung, in: VB, 20.12.1929, vgl. Soldenhoff, S. 276; Berg, S. 58.
15 Fiat.
16 Mary an Tucholsky, 26.8.1929, zit. n. Hepp, Tucholsky, S. 121.
17 Vgl. Hepp, S. 560.

Vierter Akt

1 Vorankündigungen in: KTBl, Nr. 571, MA, 10.11.1929; KLA, 17.11.1929; KZtg, 17.11.1929; KTBl, Nr. 584, MA, 17.11.1929. Für „Westdeutsche Weltbühnenleser" wurde Tucholskys Vortrag auch in der WBü angekündigt.
2 KStA, Nr. 590, AA, 21.11.1929, 5. Blatt; KVZ, Nr. 816, Zweite MA, 20.11.1929, Titelseite; KLA, 21.11.1929.
3 KTBl, 28.11.1929, Titelseite; KTBl, Nr. 607, MA, 30.11.1929.
4 KTBl, Nr. 585, MA, 18.11.1929, Titelseite.
5 Grafik auf der Titelseite des KLA, Nr. 585, MA, 17.11.1929.
6 KLA, 7.11.1929; Ankündigung in: KLA, 19.10.1929.
7 Mayer, Aufklärer, S. 155.
8 Vgl. KStA, AA, 19.11.1929; KStA, MA, 20.11.1929, Titelseite; KTBl, Nr. 589, MA, 20.11.1929, Titelseite; SR, Köln, 23.11.1929.
9 Vgl. Franken, S. 84; Herzer, S. 46–48; Matuszewski.
10 Vgl. Matuszewski, S. 232 f.
11 Vgl. Mende, S. 98–102; Herzer, S. 87 f.; Kat. § 175, S. 62–66. Zur Situation in Köln vgl. Müller, Aufbruch.
12 Mayer, Aufklärer, S. 155.
13 Mayer, S. 90.
14 Ebda.
15 Mayer, Aufklärer, S. 155.
16 Ebda.; vgl. auch Mayer, S. 90–92.
17 Mayer, Aufklärer, S. 156.
18 Vgl. ebda. und Mayer, S. 91.
19 KStA, Nr. 590, AA, 21.11.1929, 5. Blatt.
20 Ebda.
21 Vgl. Müller, Justiz, S. 2 f.
22 Mainzer Warte, 30.11.1929, S. 3, in: Müller, Justiz, S. 9.
23 KStA, Nr. 590, AA, 21.11.1929, 5. Blatt.
24 Müller, Revue, S. 72 f.
25 KStA, Nr. 590, AA, 21.11.1929, 5. Blatt.
26 Ebda.; vgl. Matuszewski, S. 231 f.
27 Mainzer Warte, 30.11.1929, S. 3, in: Müller, Justiz, S. 8 f. (Hervorhebung im Original).
28 KStA, Nr. 590, AA, 21.11.1929, 5. Blatt.
29 Mainzer Warte, 30.11.1929, S. 3, in: Müller, Justiz, S. 9.
30 Ebda.
31 KStA, Nr. 590, AA, 21.11.1929, 5. Blatt.
32 KLA, 21.11.1929.
33 KVZ, Nr. 816, Zweite MA, 20.11.1929, Titelseite.
34 Ebda.
35 Ebda.
36 KStA, Nr. 590, AA, 21.11.1929, 5. Blatt.
37 KLA, 21.11.1929.
38 KLA, 21.11.1929; KVZ, Nr. 816, Zweite MA, 20.11.1929, Titelseite; zu Hirschfeld vgl. Herzer; zu Hiller vgl. Helmes.
39 Zit. n. Dornröschen, S. 41.
40 KTBl, Nr. 594, MA, 23.11.1929, Titelseite und S. 2.
41 KVZ, Nr. 816, Zweite MA, 20.11.1929, Titelseite.
42 Röhm; zu Tucholskys Kampf gegen den § 175 vgl. Schwartz, S. 170 f.
43 KLA, 21.11.1929.
44 Zit. n. KStA, Nr. 590, AA, 21.11.1929, 5. Blatt, und KLA, 21.11.1929.
45 KLA, 21.11.1929.
46 KStA, Nr. 590, AA, 21.11.1929, 5. Blatt.
47 KLA, 21.11.1929.
48 KVZ, Nr. 816, Zweite MA, 20.11.1929, Titelseite.
49 KStA, Nr. 590, AA, 21.11.1929, 5. Blatt; Mayer, S. 91.
50 KVZ, Nr. 816, Zweite MA, 20.11.1929, Titelseite.
51 Ebda. Zur Bücherstube vgl. die Annonce in: WBü 25, Bd. 2 (12.11.1929), S. 751.
52 Mayer, S. 91.
53 Zit. n. Bemmann, S. 428.
54 Vgl. Bemmann, S. 429; Broscoe, S. 90; Mebes.
55 NB, Folge 53, Dezember 1929, S. 6, zit. n. Müller, S. 4.
56 Vgl. WBü 25 (1929), Heft 51, 17.12.1929, S. 927 f.
57 Vgl. Müller, S. 1–4; Hosfeld, S. 222 f.; Kat. Marbach, S. 456 f.
58 Tucholsky an Walter B. Meyer, 27.11.1929, in: BA, S. 225; vgl. Kat. Marbach, S. 642 f.
59 Vgl. Meyer an Tucholsky, Wiesbaden, 29.11.1929, in: Kat. Marbach, S. 642 f.
60 NB, Folge 53, Dezember 1929, S. 6, zit. n. Müller, S. 4.
61 NB, Folge 47, November 1929, S. 7, zit. n. Müller, S. 3; vgl. Bemmann, S. 429.
62 Wiesbadener Volksstimme, 25.11.1929, zit. n. Müller, S. 5.
63 Wiesbadener Tagblatt, 25.11.1929, zit. n. Müller, S. 2.
64 Neue Wiesbadener Zeitung, 27.11.1929, zit. n. Lämmert, S. 84.
65 RVZtg, 25.11.1929, zit. n. Müller, S. 5.
66 WBü 25 (1929), Heft 51, 17.12.1929, S. 927; vgl. Müller, S. 1, Anm. 1.
67 Vgl. Hepp, S. 560; Katholikin, S. 35–41.
68 Tucholsky an Mary, 27.11.1929, in: BaM, S. 526 f.
69 Dresdner Nachrichten Nr. 563, 1.12.1929, S. 3.
70 Dresdner Nachrichten, zit. n. Bemmann, S. 427.
71 Leipziger Neueste Nachrichten, 1.12.1929; Breslauer Zeitung, 3.12.1929; Schlesische Volkszeitung, 7.12.1929, zit. n. Bemmann, S. 427.

72 Tucholsky an Mary, 2.12.1929, in: BaM, S. 527.
73 Vgl. Mebes; Bemmann, S. 430.
74 So Generalmajor a. D. Freiherr von Ledebur im Hamburger Nachrichtenblatt, zit. n. Bemmann, S. 430.
75 KStA, Nr. 57, 13.11.1929, 1. Blatt.
76 KVZ, Nr. 816, Zweite MA, 20.11.1929, Titelseite.
77 Vgl. Kat. Marbach, S. 456, 458 f.; Hepp, S. 558.
78 Deutsches Volkstum 11 (1929), Heft 4, April 1929, S. 322 f., in: Kat. Marbach, S. 458.
79 Tucholsky an Wilhelm Stapel, 10.4.1929, in: Kat. Marbach, S. 615–620.
80 Vgl. LK, 2 (1930), Heft 2, S. 20; LK, 2, Heft 1 (1930), S. 27 f., und Heft 2 (1930), S. 19 f, vgl. dazu Kat. Marbach, S. 438.
81 Tucholsky an die Redaktion der LK, Februar 1930, in: BA, S. 233 f.
82 Ernst Schnitgerhans an Tucholsky, Hamburg, Ende Juli (o. J., wohl 1930), in: Kat. Marbach, S. 456 f.
83 Vgl. Hepp, S. 469, Anm. 100, S. 503, Anm. 210; Kat. Marbach, S. 444–461.
84 Tucholsky an Mary, 2.12.1929, in: BaM, S. 527.
85 Ebda (Hervorhebung im Original).
86 Vgl. Hepp, S. 560; Hosfeld, S. 222.

Letztes Zwischenspiel

1 KZtg, 11.3.1930. Zum Kabarett Kolibri vgl. Müller, Revue, S. 140–192.
2 KZtg, 31.3.1931.
3 KZtg, 3.1.1932.
4 WB, 14.4.1929, S. 8.
5 Vgl. Kat. Sollmann, S. 62–68.
6 Vgl. Matzerath, S. 62–85; Mensing, S. 378–380.
7 KZtg, 5.4.1933, Titelseite.
8 Ebda.
9 Ebda., S. 2.
10 Neuköllner Tageblatt Nr. 111, 12.5.1933; vgl. Soldenhoff, S. 278 f., Anm. 209.
11 KZtg, 8.5.1933.
12 KZtg, 17.5.1933.
13 KZtg, 26.8.1933, Titelseite.
14 Vgl. Pfeiffer und Rott.

Endspiel

1 Zit. n. Karst, S. 114.
2 Zit. n. Schulze-Reimpell, S. 24. Der Name des erwähnten Radiopioniers lautet korrekt Heinrich Hertz.
3 Ebda., S. 24 f.
4 Vgl. Karst, S. 114 f.; Schulze-Reimpell, S. 24–30.
5 Greven's Adreßbuch, S. 1156.
6 Zu Paul Wolfsohn (auch „Wolffsohn") vgl. Rückerstattungs- und Wiedergutmachungsverfahren, Landesarchiv NRW, Abteilung Rheinland, BR 1411, Nr. 558; List of Jews in Cologne, März 1946; Karteikarte aus dem Jüdischen Altenheim im Bestand des Rose Henriques Archive, Wiener Library. Der Verfasser dankt Barbara Becker-Jákli und Birte Klarzyk für die Exzerpte aus diesen Quellen.
7 Vgl. Benz, S. 36–39.
8 Vgl. ebda., S. 41.
9 Leyens.
10 Vgl. Benz, S. 36–43.
11 Vgl. Mayer, S. 93–164.
12 Vgl. ebda., S. 167–286; Egli und Schwaller, S. 145–162.
13 Vgl. Mayer, S. 313–419 und Band 2.
14 Vgl. Sassin, S. 142 und 373; Hepp, S. 415 f., Anm. 125.
15 Tucholsky an Walter Hasenclever, undatiert (Juli 1934?), in: BA, S. 357 f.
16 Vgl. Sassin, S. 143.
17 Vgl. ebda., S. 142, 373; Hepp, S. 415 f., Anm. 125.
18 Vgl. Sassin, S. 373; Hepp, S. 415 f., Anm. 125.
19 Vgl. Hosfeld, S. 227–229; Bemmann, S. 431.
20 Vgl. Matthias, S. 227 f.; Hosfeld, S. 227–233.
21 Vgl. Hosfeld, S. 234–237.
22 Matthias, S. 249.
23 Vgl. Matthias, S. 15; Hosfeld, S. 237.
24 Vgl. Matthias, S. 249–254; Hosfeld, S. 237 f.; Illies, Liebe, S. 104 f., 128 f.
25 Zwerenz, S. 266; vgl. auch: Lottchen enthüllt, in: Der Spiegel, Nr. 19, 8.5.1962.
26 Vgl. Hepp, S. 402, Anm. 125.
27 Vgl. ebda., S. 522, Anm. 137; Quetting, S. 30 f.
28 Hosfeld, S. 236.
29 Vgl. Hepp, Tucholsky, S. 124–126, 132, 139–143; Hosfeld, S. 250–254.
30 Vgl. Hosfeld, S. 257 f.; Hepp, Tucholsky, S. 143.
31 So der Herausgeber Fritz J. Raddatz in BaM, S. 18.
32 Tucholsky an Mary, 19.12.1935, in: BaM, S. 544.
33 Vgl. Hepp, S. 430, Anm. 174.
34 Tucholsky an Hans Schönlank, 10.1.1923, in: BA, S. 120; vgl. King, S. 391; Wiemann, S. 30.
35 Tucholsky an Franz Hammer, 5.5.1931, in: BA, S. 255.
36 KStA, Nr. 153, AA, 25.3.1929, 4. Blatt.
37 SR, Köln, 26.3.1929.
38 Mayer, S. 91.
39 Tucholsky an Mary, 20.8.1928, in: BaM, S. 505; vgl. Hepp, S. 311.
40 Tucholsky an Mary, 2.12.1929, in: BaM, S. 527; vgl. Bemmann, S. 430 f.
41 Gesunde, S. 247.
42 Tucholsky an Hedwig Müller, 10.12.1933, in: BA, S. 324; vgl. Hepp, S. 310.
43 Tucholsky an Hedwig Müller, 2.2.1934, in: BA, S. 329.
44 Tucholsky an Walter Hasenclever, 11.4.1933, in: BA, S. 298.
45 Tucholsky an Walter Hasenclever, 4.3.1933, in: BA, S. 293.
46 Tucholsky an Arnold Zweig, 15.12.1935, in: BA, S. 575.
47 Ebda.
48 Vgl. Bemmann, S. 429.
49 KVZ, Nr. 816, Zweite MA, 20.11.1929, Titelseite.
50 Tucholsky an Elisabeth Dunant-Müller (Anfang 1935), in: Briefe 1989, S. 177; vgl. Hepp, S. 306.
51 Kästner, S. 285.
52 Vgl. Hepp, S. 336.
53 Tucholsky an Joseph Fr. Matthes, 18.3.1930, in: Briefe, S. 207, vgl. Hosfeld, S. 224.
54 Tucholsky an Arnold Zweig, 15.12.1935, in: BA, S. 575; vgl. Kat. Marbach, S. 656–658.
55 Schnipsel, S. 151; Sudelbuch, letzte Seite (o. P.); vgl. Soldenhoff, S. 256; Schulz, S. 167; Bodenschatz.
56 Tucholsky an Hedwig Müller, 14.9.1933, in: BA, S. 318; Tucholsky an Walter Hasenclever, 29.11.1935, in: ebda., S. 556.

57 KZtg, 18.4.1937; vgl. Stapel; Berg, S. 43.

58 Vgl. Hepp, Tucholsky, S. 147–151; Hepp, S. 367–373 und 523–529, Anm. 1–32; Hosfeld, S. 271.

Quellen und Literatur

Schriften von Kurt Tucholsky

5 PS
Kurt Tucholsky: Mit 5 PS, Berlin 1928

BA
Kurt Tucholsky, Briefe. Auswahl 1913 bis 1935, hg. von Roland Links, Berlin (Ost) 1983

BaM
Kurt Tucholsky: Unser ungelebtes Leben. Briefe an Mary, hg. von Fritz J. Raddatz, Reinbek 1982

Bonzen
Theobald Tiger (Kurt Tucholsky): An einen Bonzen, erstmals unter dem Titel „An die Bonzen", in: WBü 19, Bd. 2 (6.9.1923), S. 248, wieder in: 5 PS, S. 363, hier benutzt: GW, Bd. 3, S. 351

Briefe
Kurt Tucholsky: GA, Bd. 19: Briefe 1928–1932, hg. von Sabina Becker in Zusammenarbeit mit Dirk Baldes, Reinbek 2005

Briefe 1989
Kurt Tucholsky: Ich kann nicht schreiben, ohne zu lügen. Briefe 1913 bis 1935, hg. von Fritz J. Raddatz, Reinbek 1989

Denkmal
Ignaz Wrobel (Kurt Tucholsky): Denkmal am Deutschen Eck, erstmals erschienen in: WBü 26, Bd. 1 (14.1.1930), S. 94–96

Deutschland
Kurt Tucholsky: Deutschland, Deutschland über alles: ein Bilderbuch. Von Kurt Tucholsky und vielen Fotografen. Montiert von John Heartfield, Berlin 1929, hier benutzt: Nachdruck, Reinbek 1980

Fiat
Ignaz Wrobel (Tucholsky): Fiat, in: WBü 25, Bd.2 (22.10.1929), S. 640, hier benutzt: GA, Bd. 11, S. 415

GA
Kurt Tucholsky: Gesamtausgabe, hg. v. Antje Bonitz, Dirk Grathoff, Michael Hepp u. a., 22 Bände, Reinbek 1997–2011

Gesang
Theobald Tiger (Kurt Tucholsky): Gesang der englischen Chorknaben, zuerst in: AIZ Nr. 35, 6.9.1928, S. 11, hier benutzt: GW, Bd. 6, S. 214 f.

Gesunde
Kurt Tucholsky: Gesunde und kranke Nerven, in: Die Weltbühne (1930), Heft 42, S. 578, hier benutzt: GW, Bd. 8, S. 246–250

Graben
Theobald Tiger (Kurt Tucholsky): Der Graben, Erstveröffentlichung in: AD, 20.11.1926, wieder in: Mona Lisa, S. 281 f., hier benutzt: GW, Bd. 4, S. 571 f.

GW
Kurt Tucholsky: Gesammelte Werke. 10 Bände, Reinbek 1975

Josephine
Theobald Tiger (Kurt Tucholsky): Apage, Josephine, apage –!, in: WBü 24, Bd. 1 (27.3.1928), S. 486, wieder in: Mona Lisa, S. 486, hier benutzt: GW, Bd. 6, S. 81 f.

Katholikin
Kurt Tucholsky: Brief an eine Katholikin, in: WBü 26, Bd. 1 (4.2.1930), S. 189–204, hier benutzt: GW, Bd. 8, S. 35–41

Löcher
Peter Panter (Kurt Tucholsky): Wo kommen die Löcher im Käse her –?, in: Vossische Zeitung, 29.8.1928, wieder in: Mona Lisa, S. 321–327, hier benutzt: GW, Bd. 6, S. 210–213

Machen wirs
Ignaz Wrobel (Kurt Tucholsky): Machen wirs richtig?, in: AD, 1.8.1925, online: https://www.textlog.de/tucholsky-machen-richtig.html (letzter Abruf 14.12.2021)

Mann
Ignaz Wrobel (Kurt Tucholsky): Keinen Mann und keinen Groschen –!, in: AD, 1. 5.1926, hier benutzt: GW, Bd. 4, S. 424–426

Matthes
Ignaz Wrobel (Kurt Tucholsky): Für Joseph Matthes, erstmals erschienen in: WBü 25, Bd. 2 (13.8.1929), S. 233–236

Mörder
Ignaz Wrobel (Kurt Tucholsky): Wie benehme ich mich als Mörder?, in: WBü 24, Bd. 1 (6.3.1928), S. 380 f., auch in: Mona Lisa, S. 39–41, hier benutzt: GW, Bd. 6, S. 68–70

Mona Lisa
Kurt Tucholsky: Das Lächeln der Mona Lisa, Berlin 1929

Provinz
Peter Panter (Kurt Tucholsky): Provinz, in: WBü 25, Bd. 1 (28.5.1929), S. 818–821, hier benutzt: GW, Bd. 7, S. 72–76

Pyrenäenbuch
Peter Panter (Kurt Tucholsky): Ein Pyrenäenbuch, Berlin 1927, hier benutzt: GW, Bd. 5, S. 7–135

Rheinbrücke
Kurt Tucholsky: Kölner Rheinbrücke, in: Deutschland, S. 97 f.

Rheinland
Theobald Tiger (Kurt Tucholsky): 1000 Worte Rheinland, in: WBü 21, Bd. 2 (7.7.1925), S. 12

Röhm
Kurt Tucholsky: Röhm, in: WBü 28, Bd.1 (26.4.1932), S. 641

Ruf
Ignaz Wrobel (Kurt Tucholsky): Der letzte Ruf, in: WBü 24, Bd. 1 (26.06.1928), S. 977–979, wieder in: Mona Lisa, S. 117–121, hier benutzt: GW, Bd. 6, S. 157–160

Schlagzeile
Theobald Tiger (Kurt Tucholsky): Die Schlagzeile, in: Simplicissimus 33 (1928), Heft 21, 20.8.1928, S. 274

Schnipsel
Kurt Tucholsky: Schnipsel, hg. von Mary Gerold-Tucholsky und Fritz J. Raddatz, Reinbek (10. Auflage) 1980

Sudelbuch
Kurt Tucholsky: Sudelbuch (Lizenzausgabe für die Büchergilde Gutenberg), Frankfurt am Main und Wien 1994

Was wäre
Ignaz Wrobel (Kurt Tucholsky): Was wäre, wenn ..., in: WBü 23, Bd. 2 (20.9.1927), S. 445–449, wieder in: Mona Lisa, S. 20–26, hier benutzt: GW, Bd. 5, S. 313–317

Wendriner
Kaspar Hauser (Kurt Tucholsky): Herr Wendriner betrügt seine Frau, in: WBü 21, Bd.2 (6.10.1925), S. 543–545, wieder in: 5 PS, S. 58–61, hier benutzt: GW, Bd. 4, S. 233–235

Weitere verwendete Literatur (Auswahl)

Aschkenasy
Anja Aschkenasy: Zwei Kurt Tucholsky-Abende, in: JR (1929) 22.3.1929, S. 148

Autofahren
Lisa Matthias: Autofahren in Deutschland, in: WBü 25, Bd. 2 (23.7.1929), S. 134–136

Bemmann
Helga Bemmann: Kurt Tucholsky. Ein Lebensbild, Berlin 1990

Bemmann, Verein
Helga Bemmann: In mein' Verein bin ich hineingetreten. Kurt Tucholsky als Chanson- und Liederdichter, Berlin (Ost) 1989

Benz
Wolfgang Benz: Deutsche Juden im 20. Jahrhundert. Eine Geschichte in Porträts, München 2012

Berg
Rainer Michael Berg: Kurt Tucholskys „Deutschland, Deutschland über alles“ im Spiegel der Presse der Weimarer Republik. Ein Beitrag zur Rezeptionsgeschichte eines kontroversen Bilderbuches, Diss. Erlangen 2008

Berg, Mjölnir
Rainer Michael Berg: „So sieht er aus“ – ‚Mjölnir‘ zeichnet Tucholsky, in: Tucholsky-Blätter, 6. Jg., Heft 15 (Oktober 1995), S. 1–9

Böhme-Kuby
Susanna Böhme-Kuby: Die Nachgeborenen und Tucholsky, in: Utopie kreativ, Heft 189/190 (Juli/August 2006), S. 583–595

Bodenschatz
Frank Bodenschatz: Sprechen, Schreiben – Schweigen? Eine biographische (Neu-)Interpretation von Tucholskys „Treppe“, München 2015

Broscoe
Stephen Broscoe: Deutschland, Deutschland über alles. Kurt Tucholsky zwischen Auflehnung und Resignation, Masterarbeit University Montreal, Montreal 1996

Burrows
Stephanie Burrows: Tucholsky and France, Diss., London 2001

Dornröschen
Arbeitskreis Schwule Geschichte Kölns (Hg.): Dornröschen. Das Leben der „Verzauberten“ im Köln der 20er Jahre, Köln 1987

Ebert
Simon Ebert: Wilhelm Sollmann. Sozialist – Demokrat – Weltbürger (1881–1951), Bonn 2014

Egli und Schwaller
Thomas Egli und Hugo Schwaller: Homosexuelle Flüchtlinge in der Schweiz – eine Spurensuche und ein Beispiel, in: Bundesamt für Flüchtlinge Bern (Hg.): Prominente Flüchtlinge im Schweizer Exil, Bern 2003, S. 136–165

Först
Walter Först: Rheinische Städte und ihre Oberbürgermeister, in: Stehkämper, S. 531–596

Franken
Irene Franken: Die kurze Freiheit. Frauen in der Weimarer Republik, in: Kat. Adenauer, S. 80–85

Greis und King
Friedhelm Greis und Ian King (Hg.): Der Antimilitarist und Pazifist Tucholsky: Dokumentation der Tagung 2007 „Der Krieg ist aber unter allen Umständen tief unsittlich“ (Schriftenreihe der Tucholsky-Gesellschaft e.V., Bd. 4), St. Ingbert 2008

Grevens Adressbuch
Grevens Adreßbuch der Hansestadt Köln und Umgegend, Köln 1936, Bd. 1

Grijn Santen
W. B. van der Grijn Santen: Die Weltbühne und das Judentum: eine Studie über das Verhältnis der Wochenschrift „Die Weltbühne“ zum Judentum, hauptsächlich die Jahre 1918–1926 betreffend, Würzburg 1994

Haude
Rüdiger Haude: „Kaiseridee" oder „Schicksalsgemeinschaft". Geschichtspolitik beim Projekt der „Aachener Krönungsausstellung 1915" und bei der „Jahrtausendausstellung Aachen 1925" (Beihefte der Zeitschrift des Aachener Geschichtsvereins, Bd. 6), Aachen 2000

Helmes
Günter Helmes: Per scientiam ad justitiam. Kurt Hiller und der Kampf um die Abschaffung des § 175 im Deutschen Kaiserreich und in der Weimarer Republik, in: Jens Malte-Fischer, Karl Prümm und Helmut Scheuer (Hg.): Erkundungen. Festschrift für Helmut Kreuzer zum 60. Geburtstag, Göttingen 1987, S. 154–182

Hepp
Michael Hepp: Kurt Tucholsky. Biographische Annäherungen, Reinbek 1993

Hepp, Tucholsky
Michael Hepp: Kurt Tucholsky, Reinbek 1993

Herzer
Manfred Herzer: Magnus Hirschfeld. Leben und Werk eines jüdischen, schwulen und sozialistischen Sexologen, Frankfurt und New York 1992

Hosfeld
Rolf Hosfeld: Tucholsky. Ein deutsches Leben. Biografie, München 2014

Illies
Florian Illies: Liebe in Zeiten des Hasses. Chronik eines Gefühls 1929–1939, Frankfurt am Main 2021

Kästner
Erich Kästner: Über das Verbrennen von Büchern. Ansprache auf der Hamburger PEN-Tagung am 10. Mai 1958, in: Erich Kästner: Gesammelte Schriften für Erwachsene, Bd. 8: Vermischte Beiträge III, Zürich 1969, S. 277–285

Karst
Karl H. Karst: Ernst Hardt (1876–1947), in: Geschichte im Westen 7 (1992), Heft 1, S. 99–116

Kat. § 175
Marcus Velke-Schmidt: Im Namen des Volkes!? § 175 StGB im Wandel der Zeit, Katalog zur Ausstellung des Centrums Schwule Geschichte Köln 2021, Köln 2021

Kat. Adenauer
Rita Wagner (Hg.): Konrad der Große. Die Adenauerzeit in Köln 1917–1933, Begleitband zur Ausstellung im Kölnischen Stadtmuseum, Mainz 2017

Kat. Marbach
„Entlaufene Bürger". Kurt Tucholsky und die Seinen. Katalog betreut von Jochen Meyer und Antje Bonitz, Ausstellung des Deutschen Literaturarchivs im Schiller-Nationalmuseum Marbach am Neckar, Marbach 1990

Kat. Sollmann
Wilhelm Sollmann, Bd. II. Zum hundertsten Geburtstag. Ausstellung des Historischen Archivs der Stadt Köln in der Halle des Historischen Rathauses, Zusammenstellung der Ausstellung u. Katalogbearbeitung: Ulrike Nyassi, Köln 1981

King
William John King: Tucholsky „Erfolg und Wirkung"?, in: German Life and Letters 39 (1986), S. 291–304

Krumeich
Gerd Krumeich: Die unbewältigte Niederlage. Das Trauma des Ersten Weltkriegs und die Weimarer Republik, Freiburg, Basel und Wien 2018

Lämmert
Eberhard Lämmert: „Sie haben alles gesehen ...". Tucholskys Warnungen vor dem Nationalsozialismus, in: Irmgard Ackermann, Klaus Hübner (Hg.): Tucholsky heute. Rückblick und Ausblick, München 1991, S. 71–104

Lesegesellschaft
Vorstand der Lesegesellschaft zu Köln (Hg.): 125 Jahre Lesegesellschaft zu Köln von 1872–1997. Festschrift im Jubiläumsjahr 1997, Köln 1997

Lewejohann
Stefan Lewejohann: Rheinland, Preußen und Europa. Adenauer als außenpolitisch agierender Oberbürgermeister, in: Kat. Adenauer, S. 72–79

Leyens
Erich Leyens und Lotte Andor: Under the Nazi Regime 1933–1938, Experiences and Observations, New York 1990 (deutsche Fassung: Erich Leyens und Lotte Andor: Die fremden Jahre: Erinnerungen an Deutschland, Frankfurt am Main 1991)

Lütgemeier-Davin
Reinhold Lütgemeier-Davin: Nie wieder Krieg! – Tucholskys Rolle innerhalb der pazifistischen Organisationen der Weimarer Republik, in: Greis und King, S. 57–81

Marcuse
Ludwig Marcuse: „Achtung, heilige Gefühle!", in: WBü 26, Bd. 1 (17.6.1930), S. 914–916

Matthias
Lisa Matthias: Ich war Tucholskys Lottchen. Text und Bilder aus dem Kintopp meines Lebens, Hamburg 1962

Matuszewski
Nina Matuszewski: Der Kampf gegen den § 218 in der Weimarer Republik, in: Kölner Frauengeschichtsverein (Hg.): „10 Uhr pünktlich Gürzenich". Hundert Jahre bewegte Frauen in Köln – zur Geschichte der Organisationen und Vereine, Münster 1993, S. 230–238

Matzerath
Horst Matzerath: Köln in der Zeit des Nationalsozialismus 1933–1945 (Geschichte der Stadt Köln, Bd. 12) Köln 2009

Mayer
Hans Mayer: Ein Deutscher auf Widerruf. Erinnerungen, Bd. 1, Frankfurt am Main 1982

Mayer, Aufklärer
Hans Mayer: Der pessimistische Aufklärer Kurt Tucholsky, in: ders.: Zur deutschen Literatur der Zeit: Zusammenhänge, Schriftsteller, Bücher, Reinbek 1968, S. 155–165

Mebes
Hans-Detlef Mebes: Splitter, Spuren, Stoffe: Tucholsky in Hamburg und Mannheim, in: Tucholsky-Blätter 12, Heft 25. (2001), S. 15 f.

Mende
Bodo Mende: Die antihomosexuelle Gesetzgebung in der Weimarer Republik, in: Die Geschichte des § 175. Strafrecht gegen Homosexuelle, Katalog zur Ausstellung in Berlin und Frankfurt am Main, Hg.: Freunde eines Schwulen Museums Berlin e. V. in Zusammenarbeit mit Emanzipation e. V. Frankfurt am Main, Berlin 1990

Mensing
Hans Peter Mensing: Kursbuch Adenauer 1917–1933, in: Schulz, Adenauer, S. 327–380

Müller, Kulturpolitik
Guido Müller: Adenauers Europa- und Kulturpolitik als Kölner Oberbürgermeister, in: Geschichte in Köln 47 (2000), S. 48–70

Müller, Aufbruch
Jürgen Müller: Zwischen Aufbruch und Repression. Homosexuellensubkultur in Köln 1917–1933, in: Kat. Adenauer, S. 166–173

Müller, Justiz
Gerhard Müller: Justiz und Sittlichkeit. Tucholskys Vortrag in Mainz am 6. November 1929, in: Tucholsky-Blätter 12, Heft 26 (2001), S. 1–10

Müller, Revue
Jürgen Müller: „Willkommen, Bienvenue, Welcome ...“. Politische Revue – Kabarett – Varieté in Köln 1928–1938 (Schriftenreihe des NS-Dokumentationszentrums der Stadt Köln 14), Köln 2008

Quetting
Michael Quetting: Journalistin und Organisatorin, Friedensaktivistin und Naziggegnerin, die Nobelpreismacherin: Milly Zirker 1888–1971, St. Imbert 2007

Sassin
Horst R. Sassin: Liberale im Widerstand. Die Robinsohn-Strassmann-Gruppe 1934–1942, Hamburg 1993

Schlieper
Walter Schlieper: Bemerkungen. Politisches Theater in Köln, in: WBü 25, Bd. 1 (23.4.1929), S. 648 f.

Schuh
Felix Schuh: Die Rheinlandbesetzung und die antifranzösische Propaganda im Spiegel der Weltbühne, 2020, https://trierglobal.hypotheses.org/231 (letzter Abruf 8.12.2021)

Schulenburg
Rosa von der Schulenburg: Was will, kann und darf Satire? Der Gotteslästerungs-Prozess gegen George Grosz, in: Sandra Frimmel und Mara Traumane (Hg.): Kunst vor Gericht. Ästhetische Debatten im Gerichtssaal, Berlin 2018, S. 249–265

Schulz
Klaus Peter Schulz: Tucholsky, Reinbek (16. Aufl.) 1980

Schulz, Adenauer
Günther Schulz (Hg.): Konrad Adenauer 1917–1933. Dokumente aus den Kölner Jahren, Köln 2007

Schulze-Reimpell
Werner Schulze-Reimpell: Ernst Hardt. Dichter auf dem Intendantenstuhl. Nachrichtenamt der Stadt Köln (Kölner Biographien 7), Köln 1976

Schwartz
Michael Schwartz: Homosexuelle, Seilschaften, Verrat: Ein transnationales Stereotyp im 20. Jahrhundert, Berlin und Boston 2019

Schwerhoff
Gerd Schwerhoff: „Achtung, heilige Gefühle!“, in Kliotop, 19. Juli 2020, https://kliotop.hypotheses.org/260 (letzter Abruf 20.11.2021)

Seul
Stephanie Seul: „Trägerin des europäischen Gemeinschaftsgedankens – lebendige Magna Charta des Friedens“: Die politische Dimension der PRESSA Köln 1928 und ihr Widerhall in der zeitgenössischen deutschen und internationalen Presse, in: Susanne Marten-Finnis und Michael Nagel (Hg.): 80 Jahre PRESSA, Internationale Presse-Ausstellung Köln 1928, und der jüdische Beitrag zum modernen Journalismus, Bd. 1, Bremen 2012, S. 57–104

Soldenhoff
Richard von Soldenhoff (Hg.): Kurt Tucholsky. 1890–1935. Ein Lebensbild, Weinheim und Berlin 1987

Stapel
Wilhelm Stapel: Kurt Tucholsky, in: Forschungen zur Judenfrage, Sitzungsberichte der Zweiten Arbeitstagung der Forschungsabteilung Judenfrage des Reichsinstituts für Geschichte des neuen Deutschlands vom 12. bis 14. Mai 1937, Hamburg 1937, S. 182–215

Stehkämper
Hugo Stehkämper (Hg.): Konrad Adenauer. Oberbürgermeister von Köln. Festgabe der Stadt Köln zum 100. Geburtstag ihres Ehrenbürgers am 5. Januar 1976, Köln 1976

Thimme
Anneliese Thimme: Flucht in den Mythos. Die deutschnationale Volkspartei und die Niederlage von 1918, Göttingen 1969

Träume
„Träume der Lüfte“ – Radiofonie im Sinne Ernst Hardts und im Geiste des Weimarer Bauhauses, Programmheft, Weimar 2019

Walter-Ris
Anja Walter-Ris: Die Geschichte der Galerie Nierendorf. Kunstleidenschaft im Dienst der Moderne, Berlin/New York 1920-1995, Diss. Berlin 2003

Weck
Bernhard Weck: Kurt Tucholsky (1890–1935). „Schmerz über das Unrecht im Recht“, in: Kritische Justiz (Hg.): Streitbare JuristInnen. Eine andere Tradition, Bd. 2, Baden-Baden 2016

Wiemann
Uwe Wiemann: Kurt Tucholsky und die Politisierung des Kabaretts: Paradigmenwechsel oder literarische Mimikry? (Studien zur Germanistik 12), Hamburg 2004

Zwerenz
Gerhard Zwerenz: Kurt Tucholsky. Biografie eines guten Deutschen, München 1979

Die teils eigenwilligen altertümlichen Schreibweisen und die zuweilen unorthodoxe Zeichensetzung in den zitierten Texten wurden bewahrt. Das gilt auch für fehlerhafte Schreibungen von Namen (wie zum Beispiel Tucholski).

Bildnachweise

Umschlag, S. 6
Kurt Tucholsky, Deutschland, Deutschland über alles. Ein Bilderbuch, Berlin 1929, S. 96

S. 14
Akademie der Künste, Berlin, Kurt-Tucholsky-Archiv Nr. 20

S. 24, S. 81 unten links
Thomassen, Wikimedia Commons, GFDL-1.2

S. 26, S. 81 oben links
WDR-Bildarchiv

S. 34
Walery, Wikimedia Commons, Public Domain

S. 42
Staatsbibliothek zu Berlin – Preußischer Kulturbesitz

S. 46
Lesegesellschaft zu Köln von 1872

S. 62
Universitäts- und Stadtbibliothek Köln

S. 66
Kurt Tucholsky, Wikimedia Commons, Public Domain

S. 81 oben Mitte
Leo Baeck Institute, New York

S. 81 oben rechts
Ludwig Garner, Wikimedia Commons, CC BY-SA 4.0

S. 81 unten Mitte
picture-alliance / akg-images

Dr. Mario Kramp (geb. 1961) ist Historiker und Kunsthistoriker am Kölnischen Stadtmuseum. Er ist Autor zahlreicher Veröffentlichungen zur kölnischen und rheinischen Geschichte sowie zur deutsch-französischen Kulturgeschichte, darunter: *Der kolossale Geselle*; *1914: Vom Traum zum Albtraum* und *Köln an der Seine*.

Lektorat: Wera Reusch, Köln
Gestaltung und Satz: Birgit Kappler, Bregenz
und Christina Schmid, Stuttgart
Gesetzt aus der Untitled Serif
Lithografie: prepress, Köln
Papier: 100 g/m² Munken Print White 1,5
und 270 g/m² Colorplan, Nubuck brown
Druck und Bindung: Optimal Media, Röbel

ISBN 978-3-7743-0952-4

Detaillierte Informationen über
alle unsere Bücher finden Sie unter
www.greven-verlag.de